Portada
Interior

Copyright©
Audio Visual Language, Inc. All rights reserved.
ISBN: 978-0964786363
INGLES ACELERADO® Creado por el Departamento de Sistemas Educativos
Audio Visuales de
Audio Visual Language, Inc.
201 S.W. 27 Avenue
Miami, Florida 33135 Teléfonos:
Miami (305) 541-9988 Estados Unidos y Puerto Rico
1-800-843-1442
Página de Internet:
www.avlanguage.com
Dirección e-mail:
audiovl@avlanguage.com
Reservados todos los derechos. Ni la totalidad ni parte de este libro puede reproducirse o transmitirse, utilizando medios electrónicos o mecánicos, por fotografía, grabación, información, anulado u otro sistema, sin permiso por escrito del editor.

Introducción

Inglés Acelerado, le ofrece la ventaja de ser el único curso que aplica el sistema de la pronunciación acelerada que le permite memorizar fácilmente todo lo estudiado de una forma natural y utilizando su propio idioma provocando que en muy corto tiempo leyendo en Español estará pronunciando en Inglés.

Se ha creado una calistenia acelerada de pronunciación, descomponiendo las frases y oraciones, en la lectura de las palabras que las forman desde la primera palabra hasta la última hasta pronunciar la oración en su totalidad y de forma natural.

Se comienza leyendo usando la fonética de la primera palabra, después la primera con la segunda, la primera y la segunda con la tercera y así hasta la última palabra de la oración. Después de esta acción, podemos pronunciar fácilmente la oración, agregando que estamos dándole ejercitación a la memoria, haciéndola más efectiva para recordar.

Inglés Acelerado, utilizando este sistema tan eficaz de la pronunciación acelerada, permite con gran rapidez memorizar palabras, frases y oraciones, de forma tal que el estudiante entiende y habla Inglés, mucho antes del tiempo que imaginó, es por esto que este curso es el único y no compara con ningún otro en desarrollar los recursos humanos para los idiomas, garantizando que todo el que lo estudie, podrá decir por primera vez, ¡ahora sí aprenderé Inglés!

Página en Blanco

Indice

Palabras de Introducción	3
Abecedario	7
Lección 1	9
Lección 2	13
Lección 3	18
Lección 4	25
Lección 5	31
Lección 6	39
Lección 7	42
Lección 8	48
Lección 9	55
Lección 10	63
Lección 11	70
Lección 12	81
Lección 13	85
Lección 14	92
Lección 15	98
Lección 16	106
Lección 17	113
Lección 18	124
Lección 19	127
Lección 20	135
Lección 21	141
Lección 22	147
Lección 23	159
Lección 24	162
Lección 25	168

Página en Blanco

ABECEDARIO	PRONUNCIACIÓN
A	(éi)
B	(bi)
C	(sí)
D	(dí)
E	(i)
F	(ef)
G	(yí)
H	(éich)
I	(ái)
J	(yéi)
K	(kéi)
L	(él)
M	(ém)
N	(én)
O	(óu)
P	(pí)
Q	(kiú)
R	(ar)
S	(es)
T	(tí)
U	(iú)
V	(ví)
W	(dobliú)
X	(ex)
Y	(uaí)
Z	(zzdí)

Página en Blanco

LESSON 1 - LECCIÓN 1

VOCABULARY
VOCABULARIO

Lea en español la pronunciación del inglés

	INGLÉS	PRONUNCIACIÓN	ESPAÑOL
1.	The	**de, di, da**	El, La, Los, Las
2.	A, An	**e, an**	Un, Una
3.	Some	**som**	Unos, Unas
4.	Boy	**bói**	Niño
5.	Girl	**guérl**	Niña
6.	House	**jáus**	Casa
7.	Dog	**dog**	Perro-a
8.	Good	**gud**	Bueno-a
9.	Bad	**bad**	Malo-a
10.	Ann	**an**	Ann
11.	Henry	**jénri**	Henry
12.	Well	**uél**	Bien
13.	Fine	**fáin**	Bien
14.	Mary	**méri**	Mary

LESSON ONE - PART TWO
LECCIÓN 1 - SEGUNDA PARTE

SENTENCES - ORACIONES
Lea en español la pronunciación del inglés

1.

INGLÉS
The boy

PRONUNCIACIÓN
de bói

The
de
The boy
de bói

ESPAÑOL
El niño.

2.

INGLÉS
The girl

PRONUNCIACIÓN
de guérl

The
de
The girl
de guérl

ESPAÑOL
La niña.

3.

INGLÉS
The boys

PRONUNCIACIÓN
de bóis

The
de
The boys
de bóis

ESPAÑOL
Los niños.

4.

INGLÉS
The girls

PRONUNCIACIÓN
de guérls

The
de
The girls
de guérls

ESPAÑOL
Las niñas.

5.

INGLÉS
A boy

PRONUNCIACIÓN
e bói

A
e
A boy
e bói

ESPAÑOL
Un niño.

6.

INGLÉS
A girl

PRONUNCIACIÓN
e guérl

A
e
A girl
e guérl

ESPAÑOL
Una niña.

7.

INGLÉS
Some boys

PRONUNCIACIÓN
som bóis

Some
som
Some boys
som bóis

ESPAÑOL
Unos niños.

8.
INGLÉS
Some girls

PRONUNCIACIÓN
som guérls

Some
som
Some girls
som guérls

ESPAÑOL
Unas niñas.

9.
INGLÉS
A dog

PRONUNCIACIÓN
e dog

A
e
A dog
e dog

ESPAÑOL
Un perro.

10.
INGLÉS
Some dogs

PRONUNCIACIÓN
som dogs

Some
som
Some dogs
som dogs

ESPAÑOL
Unos perros.

11.
INGLÉS
The good girl

PRONUNCIACIÓN
de gud guérl

The
de
The good
de gud
The good girl
de gud guérl

ESPAÑOL
La niña buena.

12.
INGLÉS
The good boys

PRONUNCIACIÓN
de gud bóis

The
de
The good
de gud
The good boys
de gud bóis

ESPAÑOL
Los niños buenos.

13.
INGLÉS
A bad dog

PRONUNCIACIÓN
e bad dog

A
e
A bad
e bad
A bad dog
e bad dog

ESPAÑOL
Un perro malo.

14.
INGLÉS
Some bad dogs

PRONUNCIACIÓN
som bad dogs

Some
som
Some bad
som bad
Some bad dogs
som bad dogs

ESPAÑOL
Unos perros malos.

NOTES / OBSERVACIONES

Observe que en inglés hay una sola palabra (the) para **el, la, los, las**; oraciones #1-2-3-4.

Lo mismo (a) para **un** y **una**, Frases 5-6 y (some) para **unos** y **unas**, oraciones #7-8.

Observe también que el adjetivo va antes del nombre, oraciones #11-12-13-14.

LESSON ONE - PART THREE
LECCIÓN 1 - TERCERA PARTE

COMMON EXPRESSIONS
EXPRESIONES COMUNES

Lea en español la pronunciación del inglés

1.

INGLÉS
Good morning

PRONUNCIACIÓN
gud mórning

Good
gud
Good morning
gud mórning

ESPAÑOL
Buenos días.

2.

INGLÉS
Good afternoon

PRONUNCIACIÓN
gud afternún

Good
gud
Good afternoon
gud afternún

ESPAÑOL
Buenas tardes.

3.

INGLÉS
Good evening

PRONUNCIACIÓN
gud ívining

Good
gud
Good evening
gud ívining

ESPAÑOL
Buenas noches.
(al llegar)

4.

INGLÉS
Good night

PRONUNCIACIÓN
gud náit

Good
gud
Good night
gud náit

ESPAÑOL
Buenas noches.
(al despedirse)

5.

INGLÉS
Hello, Mary

PRONUNCIACIÓN
jeló méri

Hello
jeló
Hello, Mary
jeló méri

ESPAÑOL
Hola, Mary.

6.

INGLÉS
Hi, Mary

PRONUNCIACIÓN
jái méri

Hi
jái
Hi, Mary
jái méri

ESPAÑOL
Hola, Mary.

LESSON 2 - LECCIÓN 2

VOCABULARY – VOCABULARIO

Lea en español la pronunciación del inglés

	INGLÉS	PRONUNCIACIÓN	ESPAÑOL
1.	I	ái	Yo
2.	You	iú	Tú, usted, ustedes, vosotros
3.	He	ji	El
4.	She	shi	Ella
5.	It	it	Neutro (Ello)
6.	We	uí	Nosotros-as
7.	They	déi	Ellos-as
8.	I am	ái am	Yo soy
9.	I am	ái am	Yo estoy
10.	You are	iú ar	Tú eres
11.	You are	iú ar	Tú estás
12.	He is	ji is	El es
13.	He is	ji is	El está
14.	She is	shi is	Ella es
15.	She is	shi is	Ella está
16.	It is	it is	Es
17.	It is	it is	Está
18.	We are	uí ar	Nosotros-as somos
19.	We are	uí ar	Nosotros-as estamos
20.	They are	déi ar	Ellos-as son
21.	They are	déi ar	Ellos-as están

LESSON TWO - PART TWO
LECCIÓN 2 - SEGUNDA PARTE

SENTENCES – ORACIONES
Lea en español la pronunciación del inglés

1.
INGLÉS
You are good.
PRONUNCIACIÓN
iú ar gud
You
iú
You are
iú ar
You are good
iú ar gud
ESPAÑOL
Tú eres bueno.

2.
INGLÉS
You are well.
PRONUNCIACIÓN
iú ar uél
You
iú
You are
iú ar
You are well
iú ar uél
ESPAÑOL
Tú estás bien.

3.
INGLÉS
You are boys.
PRONUNCIACIÓN
iú ar bóis
You
iú
You are
iú ar
You are boys
iú ar bóis
ESPAÑOL
Ustedes son niños.

4.
INGLÉS
They are well.
PRONUNCIACIÓN
déi ar uél
They
déi
They are
déi ar
They are well
déi ar uél
ESPAÑOL
Ellas están bien.

5.
INGLÉS
I am good.
PRONUNCIACIÓN
ái am gud
I
ái
I am
ái am
I am good
ái am gud
ESPAÑOL
Yo soy bueno.

6.
INGLÉS
We are well.
PRONUNCIACIÓN
uí ar uél
We
uí
We are
uí ar
We are well
uí ar uél
ESPAÑOL
Nosotros estamos bien.

7.
INGLÉS
The boy is good.

PRONUNCIACIÓN
de bói is gud

The
de
The boy
de bói
The boy is
de bói is
The boy is good
de bói is gud

ESPAÑOL
El niño es bueno.

8.
INGLÉS
Ann is well.

PRONUNCIACIÓN
An is uél

Ann
An
Ann is
An is
Ann is well
An is uél

ESPAÑOL
Ann está bien.

9.
INGLÉS
It is a house

PRONUNCIACIÓN
It is e jáus

It
it
It is
it is
It is a
it is e
It is a house
it is e jáus

ESPAÑOL
Es una casa.

10.
INGLÉS
The dog is well.

PRONUNCIACIÓN
de dog is uél

The
de
The dog
de dog
The dog is
de dog is
The dog is well
de dog is uél

ESPAÑOL
El perro está bien.

11.
INGLÉS
Henry is a boy.

PRONUNCIACIÓN
Jénri is e bói

Henry
Jénri
Henry is
Jénri is
Henry is a
Jénri is e
Henry is a boy
Jénri is e bói

ESPAÑOL
Henry es un niño.

12.
INGLÉS
Ann is well.

PRONUNCIACIÓN
An is uél

Ann
An
Ann is
An is
Ann is well
An is uél

ESPAÑOL
Ann está bien.

13.

INGLÉS
We are good.

PRONUNCIACIÓN
uí ar gud

We
uí
We are
uí ar
We are good
uí ar gud

ESPAÑOL
Nosotros somos buenos.

14.

INGLÉS
The house is good.

PRONUNCIACIÓN
de jáus is gud

The
de
The house
de jáus
The house is
de jáus is
The house is good
de jáus is gud

ESPAÑOL
La casa está buena.

NOTES / OBSERVACIONES

OBSERVE que hay una sola palabra en inglés (**you**) para *tú, usted, ustedes y vosotros*. Oraciones #1-3.

También hay una sola palabra (**we**) para *nosotros y nosotras*. Oraciones #6 y 13. Lo mismo (**they**) para *ellos y ellas*. Oración #4.

En inglés es lo mismo **SER** que **ESTAR**. Vocabulario #8 a 21.

STUDENT NOTES / NOTAS DEL ESTUDIANTE

LESSON TWO - PART THREE
LECCIÓN 2 - TERCERA PARTE

COMMON EXPRESSIONS
EXPRESIONES COMUNES

Lea en español la pronunciación del inglés

DAYS OF THE WEEK — DÍAS DE LA SEMANA

	INGLÉS	PRONUNCIACIÓN	ESPAÑOL
1.	Days	déis	Días
2.	Week	uík	Semana
3.	Monday	móndei	Lunes
4.	Tuesday	tiúsdei	Martes
5.	Wednesday	uénsdei	Miércoles
6.	Thursday	zérsdei	Jueves
7.	Friday	fráidei	Viernes
8.	Saturday	sáterdei	Sábado
9.	Sunday	sóndei	Domingo

CARDINAL NUMBERS – NÚMEROS CARDINALES

	INGLÉS	PRONUNCIACIÓN	ESPAÑOL
10.	One	úan	Uno (1)
11.	Two	tú	Dos (2)
12.	Three	zríi	Tres (3)
13.	Four	fóar	Cuatro (4)
14.	Five	fáiv	Cinco (5)
15.	Six	síks	Seis (6)
16.	Seven	séven	Siete (7)
17.	Eight	éit	Ocho (8)
18.	Nine	náin	Nueve (9)
19.	Ten	tén	Diez (10)
20.	Eleven	iléven	Once (11)
21.	Twelve	tuélv	Doce (12)
22.	Thirteen	zértíin	Trece (13)
23.	Fourteen	fóartíin	Catorce (14)
24.	Fifteen	fiftíin	Quince (15)

LESSON 3 - LECCIÓN 3

VOCABULARY
VOCABULARIO

Lea en español la pronunciación del inglés

INGLÉS	PRONUNCIACIÓN	ESPAÑOL
1. Here	**jíar**	Aquí, acá
2. There	**déar**	Allá
3. This	**dis**	Este, esta
4. That	**dat**	Ese, esa, aquel, aquella
5. I am not	**ái am nat**	Yo no soy-estoy
6. You are not	**iú ar nat**	Tú no eres-estás
7. He is not	**ji is nat**	El no es-está
8. She is not	**shi is nat**	Ella no es-está
9. It is not	**It is nat**	No es-está
10. We are not	**uí ar nat**	Nosotros-as no somos-estamos
11. They are not	**déi ar nat**	Ellos-as no son-están

LESSON THREE - SECOND PART
LECCIÓN 3 - SEGUNDA PARTE

SENTENCES / ORACIONES
Lea en español la pronunciación del inglés

1.

INGLÉS
He is not good.

PRONUNCIACIÓN
ji is nat gud

He
ji
He is
ji is
He is not
ji is nat
He is not good
ji is nat gud

ESPAÑOL
El no es bueno.

2.

INGLÉS
He is not here.

PRONUNCIACIÓN
ji is nat jíar

He
ji
He is
ji is
He is not
ji is nat
He is not here
ji is nat jíar

ESPAÑOL
El no está aquí.

3.

INGLÉS
The boy is not good.

PRONUNCIACIÓN
de bói is nat gud

The
de
The boy
de bói
The boy is
de bói is
The boy is not
de bói is nat
The boy is not good
de bói is nat gud

ESPAÑOL
El niño no es bueno.

4.

INGLÉS
Ann is not well.

PRONUNCIACIÓN
An is nat uél

Ann
An
Ann is
An is
Ann is not
An is nat
Ann is not well
An is nat uél

ESPAÑOL
Ann no está bien.

5.

INGLÉS
She is not bad.

PRONUNCIACIÓN
shi is nat bad

She
shi
She is
shi is
She is not
shi is nat
She is not bad
shi is nat bad

ESPAÑOL
Ella no es mala.

6.
INGLÉS
Henry is not there.

PRONUNCIACIÓN
Jénri is nat déar

Henry
Jénri
Henry is
Jénri is
Henry is not
Jénri is nat
Henry is not there
Jénri is nat déar

ESPAÑOL
Henry no está allá.

7.
INGLÉS
This is a house.

PRONUNCIACIÓN
dis is e jáus

This
dis
This is
dis is
This is a
dis is e
This is a house
dis is e jáus

ESPAÑOL
Esta es una casa.

8.
INGLÉS
That is not a girl.

PRONUNCIACIÓN
dat is nat e guérl

That
dat
That is
dat is
That is not
dat is nat
That is not a
dat is nat e
That is not a girl
dat is nat e guérl

ESPAÑOL
Esa no es una niña.

9.
INGLÉS
They are not good.

PRONUNCIACIÓN
déi ar nat gud

They
déi
They are
déi ar
They are not
déi ar nat
They are not good
déi ar nat gud

ESPAÑOL
Ellos no son buenos.

10.
INGLÉS
The boys are not good.

PRONUNCIACIÓN
de bóis ar nat gud

The
de
The boys
de bóis
The boys are
de bóis ar
The boys are not
de bóis ar nat
The boys are not good
de bóis ar nat gud

ESPAÑOL
Los niños no son buenos.

11.
INGLÉS
We are not here.

PRONUNCIACIÓN
uí ar nat jíar

We
uí
We are
uí ar
We are not
uí ar nat
We are not here
uí ar nat jíar

ESPAÑOL
Nosotros-as no estamos aquí.

12.
INGLÉS
He is not there.

PRONUNCIACIÓN
ji is nat déar

He
ji
He is
ji is
He is not
ji is nat
He is not there
ji is nat déar

ESPAÑOL
El no está allá.

13.
INGLÉS
This is not Ann.

PRONUNCIACIÓN
dis is nat An

This
dis
This is
dis is
This is not
dis is nat
This is not Ann
dis is nat An

ESPAÑOL
Esta no es Ann.

14.
INGLÉS
That man is not here.

PRONUNCIACIÓN
dat man is nat jíar

That
dat
That man
dat man
That man is
dat man is
That man is not
dat man is nat
That man is not here
dat man is nat jíar

ESPAÑOL
Ese hombre no está aquí.

NOTES / OBSERVACIONES

OBSERVE que para negar con el verbo **ser** o **estar,** en inglés se le agrega not después del verbo, vocabulario #5 al 11.

STUDENT NOTES / NOTAS DEL ESTUDIANTE

_____
_____
_____
_____

LESSON THREE - PART THREE
LECCIÓN 3 - TERCERA PARTE

COMMON EXPRESSIONS
EXPRESIONES COMUNES

Lea en español la pronunciación del inglés

1.

INGLÉS
How are you?

PRONUNCIACIÓN
jáu ar iú

How
jáu
How are
jáu ar
How are you?
jáu ar iú

ESPAÑOL
¿Cómo estás tú?

2.

INGLÉS
I am fine.

PRONUNCIACIÓN
ái am fáin

I
ái
I am
ái am
I am fine
ái am fáin

ESPAÑOL
Yo estoy bien.

3.

INGLÉS
This is Mr. Smith.

PRONUNCIACIÓN
dis is míster smiz

This
dis
This is
dis is
This is Mr.
dis is míster
This is Mr. Smith
dis is míster smiz

ESPAÑOL
Este es el señor Smith.

4.

INGLÉS
I am glad to know you.

PRONUNCIACIÓN
ái am glad tu nóu iú

I
ái
I am
ái am
I am glad
ái am glad

I am glad to
ái am glad tu
I am glad to know
ái am glad tu nóu
I am glad to know you
ái am glad tu nóu iú

ESPAÑOL
Mucho gusto en conocerlo.

5.

INGLÉS
The pleasure is mine.

PRONUNCIACIÓN
de pléshur is máin

The
de
The pleasure
de pléshur
The pleasure is
de pléshur is
The pleasure is mine
de pléshur is máin

ESPAÑOL
El gusto es mío.

6.

INGLÉS
Excuse me.

PRONUNCIACIÓN
exkiús mi

Excuse
exkiús
Excuse me
exkiús mi

ESPAÑOL
Perdóneme.

STUDENT NOTES / NOTAS DEL ESTUDIANTE

MONTHS OF THE YEAR – MESES DEL AÑO

	INGLÉS	PRONUNCIACIÓN	ESPAÑOL
7.	Year	yíar	Año
8.	Month	mónz	Mes
9.	January	yánuari	Enero
10.	February	fébrueri	Febrero
11.	March	márch	Marzo
12.	April	éiprol	Abril
13.	May	méi	Mayo
14.	June	yún	Junio
15.	July	yulái	Julio
16.	August	ágost	Agosto
17.	September	septémber	Septiembre
18.	October	actóuber	Octubre
19.	November	nouvémber	Noviembre
20.	December	dicémber	Diciembre

CARDINALS NUMBER – NÚMEROS CARDINALES

21.	Sixteen	sikstíin	16
22.	Seventeen	séventíin	17
23.	Eighteen	éitíin	18
24.	Nineteen	náintíin	19
25.	Twenty	tuénti	20
26.	Twenty One	tuénti uán	21
27.	Thirty	zérti	30
28.	Thirty One	zérti uán	31
29.	Forty	fórti	40
30.	Forty Three	fórti zríi	43
31.	Fifty	fífti	50

Audio Visual Language

LESSON 4 - LECCIÓN 4

VOCABULARY
VOCABULARIO

Lea en español la pronunciación del inglés

	INGLÉS	PRONUNCIACIÓN	ESPAÑOL
1.	Am I?	am ái	¿Soy yo? ¿Estoy yo?
2.	Are you?	ar iú	¿Eres tú? ¿Estás tú?
3.	Is he?	is ji	¿Es él? ¿Está él?
4.	Is she?	is shi	¿Es ella? ¿Está ella?
5.	Is it?	is it	¿Es? ¿Está?
6.	Are we?	ar uí	¿Somos? ¿Estamos?
7.	Are they?	ar déi	¿Son? ¿Están?
8.	Man	man	Hombre
9.	Men	men	Hombres
10.	Woman	uúman	Mujer
11.	Women	uímen	Mujeres
12.	Friend	frend	Amigo-a
13.	And	and	Y

LESSON FOUR - PART TWO
LECCIÓN 4 - SEGUNDA PARTE

SENTENCES - ORACIONES

Lea en español la pronunciación del inglés

1.

INGLÉS
Is he a boy?

PRONUNCIACIÓN
is ji e bói

Is
is
Is he
is ji
Is he a
is ji e
Is he a boy?
is ji e bói

ESPAÑOL
¿Es él un niño?

2.

INGLÉS
No, he is not a boy.

PRONUNCIACIÓN
no ji is nat e bói

No
no
No, he
no ji
No, he is
no ji is
No, he is not
no ji is nat
No, he is not a
no ji is nat e
No, he is not a boy
no ji is nat e bói

ESPAÑOL
No, él no es un niño.

3.

INGLÉS
He is a man.

PRONUNCIACIÓN
ji is e man

He
ji
He is
ji is
He is a
ji is e
He is a man
ji is e man

ESPAÑOL
El es un hombre.

4.

INGLÉS
Are they women?

PRONUNCIACIÓN
ar déi uímen

Are
ar
Are they
ar déi
Are they women?
ar déi uímen

ESPAÑOL
¿Son ellas mujeres?

5.

INGLÉS
Yes, they are women.

PRONUNCIACIÓN
iés déi ar uímen

Yes
iés
Yes, they
iés déi
Yes. they are
iés déi ar
Yes, they are women
iés déi ar uímen

ESPAÑOL
Si, son mujeres.

6.
INGLÉS
No, they are not women.

PRONUNCIACIÓN
no déi ar nat uímen

No
no
No, they
no déi
No, they are
no déi ar
No, they are not
no déi ar nat
No, they are not women
no déi ar nat uímen

ESPAÑOL
No, no son mujeres.

7.
INGLÉS
Is Henry a friend?

PRONUNCIACIÓN
is Jénri e frend

Is
is
Is Henry
is Jénri
Is Henry a
is Jénri e
Is Henry a friend?
is Jénri e frend

ESPAÑOL
¿Es Henry un amigo?

8.
INGLÉS
Yes, he is a friend.

PRONUNCIACIÓN
iés ji is e frend

Yes
iés
Yes, he
iés ji
Yes, he is
iés ji is
Yes, he is a
iés ji is e
Yes, he is a friend
iés ji is e frend

ESPAÑOL
Sí, él es un amigo.

9.
INGLÉS
No, he is not a friend.

PRONUNCIACIÓN
no ji is nat e frend

No
no
No, he
no ji
No, he is
no ji is
No, he is not
no ji is nat
No, he is not a
no ji is nat e
No, he is not a friend
no ji is nat e frend

ESPAÑOL
No, él no es un amigo.

10.
INGLÉS
Is this house good?

PRONUNCIACIÓN
is dís jáus gud

Is
is
Is this
is dís
Is this house
is dís jáus
Is this house good
is dís jáus gud

ESPAÑOL
¿Está buena esta casa?

11.
INGLÉS
Are we there?

PRONUNCIACIÓN
ar uí déar

Are
ar
Are we
ar uí
Are we there?
ar uí déar

ESPAÑOL
¿Estamos allá?

12.
INGLÉS
Are they good?

PRONUNCIACIÓN
ar déi gud

Are
ar
Are they
ar déi
Are they good?
ar déi gud

ESPAÑOL
¿Son ellos buenos?

13.
INGLÉS
Are Ann and Mary here?

PRONUNCIACIÓN
ar An and Méri jíar

Are
ar
Are Ann
ar An
Are Ann and
ar An and
Are Ann and Mary
ar An and Méri
Are Ann and Mary here?
ar An and Méri jíar

ESPAÑOL
¿Están aquí Ann y Mary?

14.
INGLÉS
Are you well?

PRONUNCIACIÓN
ar iú uél

Are
ar
Are you
ar iú
Are you well?
ar iú uél

ESPAÑOL
¿Estás bien?

NOTES / OBSERVACIONES

OBSERVE que al preguntar en inglés con el verbo **ser** o **estar**, el verbo va delante del pronombre.
Oraciones #1 - 4 - 7, etc.

STUDENT NOTES / NOTAS DEL ESTUDIANTE

_____
_____
_____
_____

LESSON FOUR - PART THREE
LECCIÓN 4 - TERCERA PARTE

COMMON EXPRESSIONS
EXPRESIONES COMUNES
Lea en español la pronunciación del inglés

1.

INGLÉS
Pardon me, Mary.

PRONUNCIACIÓN
párdon mi Méri

Pardon
párdon
Pardon me
párdon mi
Pardon me, Mary
párdon mi Méri

ESPAÑOL
Perdóneme, Mary.

2.

INGLÉS
Forgive me.

PRONUNCIACIÓN
foarguív mi

Forgive
foarguív
Forgive me
foarguív mi

ESPAÑOL
Perdóneme.

3.

INGLÉS
I forgive you.

PRONUNCIACIÓN
ái foarguív iú

I
ái
I forgive
ái foarguív
I forgive you
ái foarguív iú

ESPAÑOL
Yo te perdono.

4.

INGLÉS
I'm sorry.

PRONUNCIACIÓN
áim sóri

I'm
áim
I'm sorry
áim sóri

ESPAÑOL
Lo siento.

5.

INGLÉS
I have good luck.

PRONUNCIACIÓN
ái jav gud lók

I
ái
I have
ái jav
I have good
ái jav gud
I have good luck
ái jav gud lók

ESPAÑOL
Tengo buena suerte.

6.

INGLÉS
I wish you good luck.

PRONUNCIACIÓN
ái uísh iú gud lók

I
ái
I wish
ái uísh
I wish you
ái uísh iú
I wish you good
ái uísh iú gud
I wish you good luck
ái uísh iú gud lók

ESPAÑOL
Te deseo buena suerte.

STUDENT NOTES / NOTAS DEL ESTUDIANTE
___
___
___
___
___

LESSON 5 - LECCIÓN 5

VOCABULARY
VOCABULARIO

Lea en español la pronunciación del inglés

	INGLÉS	PRONUNCIACIÓN	CONTRACCIÓN
1.	I am	**áim**	I'm
2.	You are	**iúr**	You're
3.	He is	**jís**	He's
4.	She is	**shís**	She's
5.	It is	**íts**	It's
6.	We are	**uír**	We're
7.	They are	**déir**	They're
8.	Is not	**ísent**	Isn't
9.	Are not	**árent**	Aren't

LESSON FIVE - PART TWO
LECCIÓN 5 - SEGUNDA PARTE

SENTENCES / ORACIONES

Lea en español la pronunciación del inglés

1.

INGLÉS
I'm here.

PRONUNCIACIÓN
áim jíar

I'm
áim
I'm here
áim jíar

ESPAÑOL
Yo estoy aquí.

2.

INGLÉS
You're a man.

PRONUNCIACIÓN
iúr e man

You're
iúr
You're a
iúr e
You're a man
iúr e man

ESPAÑOL
Tú eres un hombre.

3.

INGLÉS
He's good.

PRONUNCIACIÓN
jís gud

He's
jís
He's good
jís gud

ESPAÑOL
El es bueno.

4.

INGLÉS
She's Ann.

PRONUNCIACIÓN
shís An

She's
shís
She's Ann
shís An

ESPAÑOL
Ella es Ann.

5.

INGLÉS
It's a house.

PRONUNCIACIÓN
íts e jáus

It's
íts
It's a
íts e
It's a house
íts e jáus

ESPAÑOL
Es una casa.

6.

INGLÉS
We're friends.

PRONUNCIACIÓN
uír frends

We're
uír
We're friends
uír frends

ESPAÑOL
Somos amigos.

7.

INGLÉS
They're there.

PRONUNCIACIÓN
déir déar

They're
déir

They're there
déir déar

ESPAÑOL
Ellos están allí.

8.

INGLÉS
You aren't Henry.

PRONUNCIACIÓN
iú árent Jénri

You
iú

You aren't
iú árent

You aren't Henry
iú árent Jénri

ESPAÑOL
Tú no eres Henry.

9.

INGLÉS
She isn't good.

PRONUNCIACIÓN
shi ísent gud

She
shi

She isn't
shi ísent

She isn't good
shi ísent gud

ESPAÑOL
Ella no es buena.

10.

INGLÉS
The boys aren't good.

PRONUNCIACIÓN
de bóis árent gud

The
de

The boys
de bóis

The boys aren't
de bóis árent

The boys aren't good
de bóis árent gud

ESPAÑOL
Los niños no son buenos.

CONTRACCIONES:

Se llama contracción al quitarle letras a dos palabras y unirlas, muy usual en los Estados Unidos de América.

LESSON FIVE - PART THREE
LECCIÓN 5 - TERCERA PARTE

COMMON EXPRESSIONS
EXPRESIONES COMUNES
Lea en español la pronunciación del inglés

1.

INGLÉS
Come again.

PRONUNCIACIÓN
kóm eguéin

Come
kóm

Come again
kóm eguéin

ESPAÑOL
Vuelva de nuevo.

2.

INGLÉS
What's the matter with you?

PRONUNCIACIÓN
uáts da máter uíz iú

What's
uáts

What's the
uáts da

What's the matter
uáts da máter

What's the matter with
uáts da máter uíz

What's the matter with you?
uáts da máter uíz iú

ESPAÑOL
¿Qué te pasa?

3.

INGLÉS
How do you feel?

PRONUNCIACIÓN
jáu du iú fil

How
jáu

How do
jáu du

How do you
jáu du iú

How do you feel?
jáu du iú fil

ESPAÑOL
¿Cómo te sientes?

4.

INGLÉS
I feel fine.

PRONUNCIACIÓN
ái fil fáin

I
ái

I feel
ái fil

I feel fine
ái fil fáin

ESPAÑOL
Me siento bien.

34
Audio Visual Language

5.

INGLÉS
Can you help me?

PRONUNCIACIÓN
kan iú jelp mi

Can
kan
Can you
kan iú
Can you help
kan iú jelp
Can you help me?
kan iú jelp mi

ESPAÑOL
¿Puedes ayudarme?

6.

INGLÉS
I can help you.

PRONUNCIACIÓN
ái kan jelp iú

I
ái
I can
ái kan
I can help
ái kan jelp
I can help you
ái kan jelp iú

ESPAÑOL
Yo puedo ayudarlo.

7.

INGLÉS
So long, Mary.

PRONUNCIACIÓN
so long Méri

So
so
So long
so long
So long, Mary
so long Méri

ESPAÑOL
Hasta luego, Mary.

STUDENT NOTES / NOTAS DEL ESTUDIANTE

_____
_____
_____
_____
_____
_____
_____

LESSON FIVE - PART FOUR
LECCIÓN 5 - CUARTA PARTE

CONVERSATION – CONVERSACIÓN

GREETINGS AND OTHERS – SALUDOS Y OTROS

Lea en español la pronunciación del inglés

INGLÉS	PRONUNCIACIÓN	ESPAÑOL
1. Mary: Hello, Tom. How are you?	**jeló Tám jáu ar iú**	Hola, Tom. ¿Cómo estás?
2. Tom: I'm fine and you?	**áim fáin and iú**	Yo estoy bien, ¿y tú?
3. Mary: I'm fine like you How is Ann?	**áim fáin láik iú jáu is An**	Yo estoy bien como tú. ¿Cómo está Ann?
4. Tom: Ann is not well, she's sick.	**An is nat uél shís sík**	Ann no está bien, está enferma.
5. Mary: Is today Sunday?	**is tudéi sóndei**	¿Es domingo hoy?
6. Tom: No, today is Saturday.	**no, tudéi is sáterdei**	No, hoy es sábado.
7. Mary: So long, Tom.	**so long Tám**	Hasta luego, Tom.

**Lea en español la pronunciación del inglés.
Refiérase al diálogo que acaba de leer**

1.

INGLÉS
Hello, Tom.
How are you?

PRONUNCIACIÓN
jeló Tám jáu ar iú

Hello
jeló
Hello, Tom
jeló Tám
Hello, Tom. How
jeló Tám jáu
Hello, Tom. How are
jeló Tám jáu ar
Hello, Tom. How are you?
jeló Tám jáu ar iú

ESPAÑOL
Hola, Tom, ¿cómo estás?

2.

INGLÉS
I'm fine and you?

PRONUNCIACIÓN
áim fáin and iú

I'm
áim
I'm fine
áim fáin
I'm fine and
áim fáin and
I'm fine and you?
áim fáin and iú

ESPAÑOL
Yo estoy bien, ¿y tú?

3.

INGLÉS
I'm fine like you.
How is Ann?

PRONUNCIACIÓN
áim fáin láik iú jáu is An

I'm
áim
I'm fine
áim fáin
I'm fine like
áim fáin láik
I'm fine like you.
áim fáin láik iú
I'm fine like you. How
áim fáin láik iú jáu
I'm fine like you. How is
áim fáin láik iú jáu is
I'm fine like you. How is Ann?
áim fáin láik iú jáu is An

ESPAÑOL
Yo estoy bien como tú.
¿Cómo está Ann?

4.

INGLÉS
Ann is not well, she's sick.

PRONUNCIACIÓN
An is nat uél shís sík

Ann
An
Ann is
An is
Ann is not
An is nat
Ann is not well
An is nat uél
Ann is not well, she's
An is nat uél shís
Ann is not well, she's sick
An is nat uél shís sík

ESPAÑOL
Ann no está bien, está enferma.

5.

INGLÉS
Is today Sunday?

PRONUNCIACIÓN
is tudéi sóndei

Is
is
Is today
is tudéi
Is today Sunday?
is tudéi sóndei

ESPAÑOL
¿Es domingo hoy?

6.

INGLÉS
No, today is Saturday.

PRONUNCIACIÓN
no tudéi is sáterdei

No
no
No, today
no tudéi
No, today is
no tudéi is
No, today is Saturday
no tudéi is sáterdei

ESPAÑOL
No, hoy es sábado.

7.

INGLÉS
So long, Tom.

PRONUNCIACIÓN
so long Tám

So
so
So long
so long
So long, Tom
so long Tám

ESPAÑOL
Hasta luego, Tom.

LESSON 6 - LECCIÓN 6

SENTENCES – ORACIONES

Lea en español la pronunciación del inglés

	INGLÉS	PRONUNCIACIÓN	ESPAÑOL
1.	Is the boy good?	is de bói gud	¿Es el niño bueno?
2.	The boy is good.	de bói is gud	El niño es bueno.
3.	The boy isn't good.	de bói ísent gud	El niño no es bueno.
4.	Is she a girl?	is shi e guérl	¿Es ella una niña?
5.	She is a girl.	shi is e guérl	Ella es una niña.
6.	She isn't a girl.	shi ísent e guérl	Ella no es una niña.
7.	Are Tom and Mary here?	ar Tám and Méri jíar	¿Están Tom y Mary aquí?
8.	Tom and Mary are here.	Tám and Méri ar jíar	Tom y Mary están aquí.
9.	Tom and Mary aren't here.	Tám and Méri árent jíar	Tom y Mary no están aquí.
10.	The women are fine.	de uímen ar fáin	Las mujeres están bien.
11.	Is this a man?	is dis e man	¿Es este un hombre?
12.	This is a man.	dis is e man	Este es un hombre.
13.	This isn't a man.	dis ísent e man	Este no es un hombre.
14.	Is that a dog?	is dat e dog	¿Es ese un perro?
15.	That is a dog.	dat is e dog	Eso es un perro.
16.	That isn't a dog.	dat ísent e dog	Eso no es un perro.
17.	Good morning, Mary.	gud mórning Méri	Buenos días, Mary.
18.	Hi, Mary.	jái Méri	Hola, Mary.
19.	How are you?	jáu ar iú	¿Cómo está usted?
20.	I'm glad to know you.	áim glad tu nóu iú	Yo estoy encantado de conocerte.

LESSON SIX - PART TWO
LECCIÓN 6 - SEGUNDA PARTE

EXERCISES - EJERCICIOS

A. *Cambie las siguientes oraciones a la forma negativa.*
Ejemplo:
> The girl is good.
> **The girl isn't good.**

1. She is beautiful.

> R. _____

2. They are here.

> R. _____

3. This is a man.

> R. _____

4. Ann is here.

> R. _____

5. The boys are fine.

> R. _____

B. *Cambie las oraciones de la letra A a la forma interrogativa.*
Ejemplo:
> The girl is good.
> **Is the girl good?**

1. _____

2. _____

3. _____

4. _____

5. _____

C. *Sustituya la palabra en paréntesis y colóquela en su lugar correcto*

Ejemplo:
>The beautiful girl (boy)
>**The beautiful boy**

1. The boy is good (Mary).

R. _____

2. They are here (Tom and Mary).

R. _____

3. Mary is fine (She).

R. _____

4. This is a dog (house).

R. _____

5. A boy is there (the man).

R. _____

ANSWERS - RESPUESTAS

A.
1. She isn't beautiful.
2. They aren't here.
3. This isn't a man.
4. Ann isn't here.
5. The boys aren't fine.

B.
1. Is she beautiful?
2. Are they here?
3. Is this a man?
4. Is Ann here?
5. Are the boys fine?

C.
1. Mary is good.
2. Tom and Mary are here.
3. She is fine.
4. This is a house.
5. The man is there.

LESSON 7 - LECCIÓN 7

VOCABULARY
VOCABULARIO

Lea en español la pronunciación del inglés

INGLÉS	PRONUNCIACIÓN	ESPAÑOL
1. Who?	**jú**	¿Quién?
2. How?	**jáu**	¿Cómo?
3. What?	**uát**	¿Qué?
4. Where?	**uéar**	¿Dónde?
5. When?	**uén**	¿Cuándo?
6. Why?	**uái**	¿Por qué?
7. Whose?	**júus**	¿De quién? ¿De quiénes?
8. Because	**bicóas**	Porque
9. Book	**buk**	Libro
10. Money	**móni**	Dinero
11. Water	**uáter**	Agua

LESSON SEVEN - PART TWO
LECCIÓN 7 - SEGUNDA PARTE

SENTENCES / ORACIONES
Lea en español la pronunciación del inglés

1.

INGLÉS
Who is that boy?
PRONUNCIACIÓN
jú is dat bói

Who
jú
Who is
jú is
Who is that
jú is dat
Who is that boy?
jú is dat bói

ESPAÑOL
¿Quién es ese niño?

2.

INGLÉS
Who is here?
PRONUNCIACIÓN
jú is jíar

Who
jú
Who is
jú is
Who is here?
jú is jíar

ESPAÑOL
¿Quién está aquí?

3.

INGLÉS
How are you?
PRONUNCIACIÓN
jáu ar iú

How
jáu
How are
jáu ar
How are you?
jáu ar iú

ESPAÑOL
¿Cómo estás tú?

4.

INGLÉS
How is Ann?
PRONUNCIACIÓN
jáu is An

How
jáu
How is
jáu is
How is Ann?
jáu is An

ESPAÑOL
¿Cómo está Ann?

5.

INGLÉS
What is that?
PRONUNCIACIÓN
uát is dat

What
uát
What is
uát is
What is that?
uát is dat

ESPAÑOL
¿Qué es eso?

6.

INGLÉS
What is he?
PRONUNCIACIÓN
uát is ji

What
uát
What is
uát is
What is he?
uát is ji

ESPAÑOL
¿Qué es él?

7.
INGLÉS
Where are you?
PRONUNCIACIÓN
uéar ar iú

Where
uéar
Where are
uéar ar
Where are you?
uéar ar iú

ESPAÑOL
¿Dónde estás tú?

8.
INGLÉS
Where is the boy?
PRONUNCIACIÓN
uéar is de bói

Where
uéar
Where is
uéar is
Where is the
uéar is de
Where is the boy?
uéar is de bói

ESPAÑOL
¿Dónde está el niño?

9.
INGLÉS
When is that?
PRONUNCIACIÓN
uén is dat

When
uén
When is
uén is
When is that?
uén is dat

ESPAÑOL
¿Cuándo es eso?

10.
INGLÉS
When are you here?
PRONUNCIACIÓN
uén ar iú jíar

When
uén
When are
uén ar
When are you
uén ar iú
When are you here?
uén ar iú jíar

ESPAÑOL
¿Cúando estás aquí?

11.
INGLÉS
Why are you here?
PRONUNCIACIÓN
uái ar iú jíar

Why
uái
Why are
uái ar
Why are you
uái ar iú
Why are you here?
uái ar iú jíar

ESPAÑOL
¿Por qué estás aquí?

12.
INGLÉS
Why are you good?
PRONUNCIACIÓN
uái ar iú gud

Why
uái
Why are
uái ar
Why are you
uái ar iú
Why are you good
uái ar iú gud

ESPAÑOL
¿Por qué eres bueno?

13.

INGLÉS
Whose house is this?

PRONUNCIACIÓN
júus jáus is dis

Whose
júus
Whose house
júus jáus
Whose house is
júus jáus is
Whose house is this?
júus jáus is dis

ESPAÑOL
¿De quién es esta casa?

14.

INGLÉS
Whose boy is that?

PRONUNCIACIÓN
júus bói is dat

Whose
júus
Whose boy
júus bói
Whose boy is
júus bói is
Whose boy is that?
júus bói is dat

ESPAÑOL
¿De quién es ese niño?

15.

INGLÉS
Because he is good.

PRONUNCIACIÓN
bicóas ji is gud

Because
bicóas
Because he
bicóas ji
Because he is
bicóas ji is
Because he is good
bicóas ji is gud

ESPAÑOL
Porque él es bueno.

16.

INGLÉS
Because I'm here.

PRONUNCIACIÓN
bicóas áim jíar

Because
bicóas
Because I'm
bicóas áim
Because I'm here
bicóas áim jíar

ESPAÑOL
Porque estoy aquí.

LESSON SEVEN - PART THREE
LECCIÓN 7 - TERCERA PARTE

COMMON EXPRESSIONS
EXPRESIONES COMUNES

Lea en español la pronunciación del inglés

1.
INGLÉS
How old are you?

PRONUNCIACIÓN
jáu óuld ar iú

How
jáu

How old
jáu óuld

How old are
jáu óuld ar

How old are you?
jáu óuld ar iú

ESPAÑOL
¿Qué edad tienes?

2.
INGLÉS
I'm ten years old.

PRONUNCIACIÓN
áim tén yíars óuld

I'm
áim

I'm ten
áim tén

I'm ten years
áim tén yíars

I'm ten years old
áim tén yíars óuld

ESPAÑOL
Yo tengo diez años.

3.
INGLÉS
How old is Mary?

PRONUNCIACIÓN
jáu óuld is Méri

How
jáu

How old
jáu óuld

How old is
jáu óuld is

How old is Mary?
jáu óuld is Méri

ESPAÑOL
¿Qué edad tiene Mary?

4.
INGLÉS
She is eleven years old.

PRONUNCIACIÓN
shi is iléven yíars óuld

She
shi

She is
shi is

She is eleven
shi is iléven

She is eleven years
shi is iléven yíars

She is eleven years old
shi is iléven yíars óuld

ESPAÑOL
Ella tiene once años.

SEASONS – ESTACIONES

Lea en español la pronunciación del inglés

INGLÉS	PRONUNCIACIÓN	ESPAÑOL
5. Spring	**spring**	Primavera
6. Summer	**sómer**	Verano
7. Autumn	**ótum**	Otoño
8. Fall	**fol**	Otoño
9. Winter	**uínter**	Invierno

CARDINALS NUMBERS
NÚMEROS CARDINALES

10.	Fifty four	**fífti fóar**	Cincuenta y cuatro (54)
11.	Sixty	**síxti**	Sesenta (60)
12.	Sixty five	**síxti fáiv**	Sesenta y cinco (65)
13.	Seventy	**séventi**	Setenta (70)
14.	Seventy six	**séventi síks**	Setenta y seis (76)
15.	Eighty	**éiti**	Ochenta (80)
16.	Eighty seven	**éiti séven**	Ochenta y siete (87)
17.	Ninety	**náinti**	Noventa (90)
18.	Ninety Eight	**náinti éit**	Noventa y ocho (98)
19.	One hundred	**uán jóndred**	Cien (100)
20.	One hundred forty	**uán jóndred fórti**	Ciento cuarenta (140)
21.	Two hundred	**tú jóndred**	Doscientos (200)
22.	One thousand	**uán záusand**	Mil (1,000)
23.	One million	**uán mílion**	Un millón (1,000,000)

LESSON 8 - LECCIÓN 8

VOCABULARY
VOCABULARIO

Lea en español la pronunciación del inglés

INGLÉS	PRONUNCIACIÓN	ESPAÑOL
1. In	**in**	En
2. With	**uíz**	Con
3. From	**from**	De, desde
4. To	**tu**	A, para
5. Till	**til**	Hasta
6. Until	**óntil**	Hasta

VERBS – VERBOS

1.	Do	**du**	Hacer
2.	Cry	**krái**	Llorar
3.	See	**sí**	Ver
4.	Go	**góu**	Ir
5.	Speak	**spík**	Hablar
6.	Drink	**drínk**	Beber
7.	Pay	**péi**	Pagar
8.	Hear	**jíar**	Oír
9.	Read	**ríd**	Leer
10.	Eat	**it**	Comer

VERB "TO EAT" – VERBO COMER

	INGLÉS	PRONUNCIACIÓN	ESPAÑOL
1.	I eat	**ái it**	Yo como
2.	You eat	**iú it**	Tú comes
3.	He eats	**ji its**	El come
4.	She eats	**shi its**	Ella come
5.	It eats	**it its**	Come
6.	We eat	**uí it**	Nosotros comemos
7.	They eat	**déi it**	Ellos comen

EXPRESSIONS OF "TIME"
EXPRESIONES DE "TIEMPO"

1.	Today	**tudéi**	Hoy
2.	Yesterday	**iésterdei**	Ayer
3.	Tomorrow	**tumórou**	Mañana
4.	Last day	**lást déi**	El último día
5.	Day before	**déi bifóar**	Día antes
6.	Day after	**déi after**	Día después
7.	Two days ago	**tú déis egóu**	Hace dos días
8.	Five days ago	**fáiv déis egóu**	Hace cinco días
9.	Next day	**néxt déi**	Próximo día
10.	This week	**dís uík**	Esta semana
11.	Last week	**lást uík**	La semana pasada
12.	Two weeks ago	**tú uíks egóu**	Hace dos semanas
13.	Next week	**néxt uík**	Próxima semana
14.	This year	**dís yíar**	Este año
15.	Last year	**lást yíar**	El año pasado
16.	Two years ago	**tú yíars egóu**	Hace dos años
17.	Next year	**néxt yíar**	Próximo año
18.	This month	**dís mónz**	Este mes
19.	Last month	**lást mónz**	El mes pasado
20.	Five months ago	**fáiv mónz egóu**	Hace cinco meses
21.	Next month	**néxt mónz**	Próximo mes

LESSON EIGHT - PART TWO
LECCIÓN 8 - SEGUNDA PARTE

SENTENCES – ORACIONES
Lea en español la pronunciación del inglés

1.

INGLÉS
I do that in the morning.

PRONUNCIACIÓN
ái du dat in de mórning

I
ái
I do
ái du
I do that
ái du dat
I do that in
ái du dat in
I do that in the
ái du dat in de
I do that in the morning
ái du dat in de mórning

ESPAÑOL
Yo hago eso en la mañana.

2.

INGLÉS
He does that with Mary.

PRONUNCIACIÓN
ji dos dat uíz Méri

He
ji
He does
ji dos
He does that
ji dos dat
He does that with
ji dos dat uíz
He does that with Mary
ji dos dat uíz Méri

ESPAÑOL
El hace eso con Mary.

3.

INGLÉS
You always cry.

PRONUNCIACIÓN
iú ólueis krái

You
iú
You always
iú ólueis
You always cry
iú ólueis krái

ESPAÑOL
Tú siempre lloras.

4.

INGLÉS
He always cries.

PRONUNCIACIÓN
ji ólueis kráis

He
ji
He always
ji ólueis
He always cries
ji ólueis kráis

ESPAÑOL
El siempre llora.

5.

INGLÉS
She drinks with Ann.

PRONUNCIACIÓN
shi drínks uíz An

She
shi
She drinks
shi drínks
She drinks with
shi drínks uíz
She drinks with Ann
shi drínks uíz An

ESPAÑOL
Ella bebe con Ann.

6.

INGLÉS
I go to the house.

PRONUNCIACIÓN
ái góu tu de jáus

I
ái
I go
ái góu
I go to
ái góu tu
I go to the
ái góu tu de
I go to the house
ái góu tu de jáus

ESPAÑOL
Yo voy a la casa.

7.

INGLÉS
We see from here.

PRONUNCIACIÓN
uí sí from jíar

We
uí
We see
uí sí
We see from
uí sí from
We see from here
uí sí from jíar

ESPAÑOL
Nosotros vemos desde aquí.

8.

INGLÉS
She sees from here to Miami.

PRONUNCIACIÓN
shi sis from jíar tu maiámi

She
shi
She sees
shi sis
She sees from
shi sis from
She sees from here
shi sis from jíar
She sees from here to
shi sis from jíar tu
She sees from here to Miami
shi sis from jíar tu maiámi

ESPAÑOL
Ella ve desde aquí a Miami.

9.

INGLÉS
I pay with money.

PRONUNCIACIÓN
ái péi uíz móni

I
ái
I pay
ái péi
I pay with
ái péi uíz
I pay with money
ái péi uíz móni

ESPAÑOL
Yo pago con dinero.

10.
INGLÉS
They read a book
PRONUNCIACIÓN
déi ríd e buk

They
déi
They read
déi ríd
They read a
déi ríd e
They read a book
déi ríd e buk

ESPAÑOL
Ellos leen un libro.

11.
INGLÉS
I eat with the boy.
PRONUNCIACIÓN
ái it uíz de bói

I
ái
I eat
ái it
I eat with
ái it uíz
I eat with the
ái it uíz de
I eat with the boy
ái it uíz de bói

ESPAÑOL
Yo como con el niño.

12.
INGLÉS
He speaks with Mary.
PRONUNCIACIÓN
jí spíks uíz Méri

He
jí
He speaks
jí spíks
He speaks with
jí spíks uíz
He speaks with Mary
jí spíks uíz Méri

ESPAÑOL
El habla con Mary.

NOTES / OBSERVACIONES

Observe que para conjugar los otros verbos que no son **SER** o **ESTAR**, la regla general es que se le agrega una **S** a las terceras personas del singular **(He, She, It)** y si termina en **O, C, S, X, CH, SH,** se le agrega **ES**. Oraciones #2 - 4 -5.

STUDENT NOTES / NOTAS DEL ESTUDIANTE

LESSON EIGHT - PART THREE
LECCIÓN 8 - TERCERA PARTE

VOCABULARY
VOCABULARIO

Lea en español la pronunciación del inglés

	INGLÉS	PRONUNCIACIÓN	ESPAÑOL
1.	White	**uáit**	Blanco
2.	Blue	**blú**	Azul
3.	Brown	**bráun**	Marrón
4.	Gray	**gréi**	Gris
5.	Yellow	**iélou**	Amarillo
6.	Black	**blak**	Negro
7.	Orange	**óranch**	Anaranjado
8.	Red	**red**	Rojo
9.	Green	**gríin**	Verde
10.	Violet	**váiolet**	Violeta
11.	Olive	**óliv**	Verde aceituna
12.	Light color	**láit kólor**	Color claro
13.	Dark Color	**dark kólor**	Color obscuro
14.	Light green	**láit gríin**	Verde claro
15.	Dark blue	**dark blú**	Azul obscuro
16.	Pink	**pink**	Rosado
17.	Rose	**róus**	Rosa
18.	Purple	**pérpol**	Morado
19.	What color is it?	**uát kólor is it**	¿De qué color es?

ORDINAL NUMBERS
NÚMEROS ORDINALES

Lea en español la pronunciación del inglés

INGLÉS		PRONUNCIACIÓN	ESPAÑOL
20.	Ordinals	**órdinals**	Ordinales
21.	First	**ferst**	Primero
22.	Second	**sékond**	Segundo
23.	Third	**zerd**	Tercero
24.	Fourth	**fóarz**	Cuarto
25.	Fifth	**fifz**	Quinto
26.	Sixth	**sixz**	Sexto
27.	Seventh	**sévenz**	Séptimo
28.	Eight	**éitz**	Octavo
29.	Ninth	**náinz**	Noveno
30.	Tenth	**tenz**	Décimo

STUDENT NOTES / NOTAS DEL ESTUDIANTE

LESSON 9 - LECCIÓN 9

VOCABULARY – VOCABULARIO

Lea en español la pronunciación del inglés

INGLÉS	PRONUNCIACIÓN	ESPAÑOL
1. Do not	**du nat**	Palabras para negar I - You - We - They
2. Don't	**dóunt**	Contracción de Do not
3. Does not	**dos nat**	Palabras para negar He, She, It
4. Doesn't	**dósent**	Contracción de Does not
5. Happy	**jápi**	Contento-a
6. Sad	**sad**	Triste
7. Big	**big**	Grande
8. Small	**smol**	Pequeño-a
9. Short	**shóart**	Corto-a
10. Long	**long**	Largo
11. Beautiful	**biútiful**	Bello-a
12. Ugly	**ógli**	Feo-a
13. Baby	**béibi**	Nené
14. Father	**fáder**	Padre
15. Mother	**móder**	Madre
16. Bill	**bil**	Cuenta
17. Glad	**glad**	Contento-a
18. Bill	**bil**	Billete

LESSON NINE - PART TWO
LECCIÓN 9 - SEGUNDA PARTE

SENTENCES – ORACIONES
Lea en español la pronunciación del inglés

1.
INGLÉS
I don't do that.

PRONUNCIACIÓN
ái dóunt du dat

I
ái
I don't
ái dóunt
I don't do
ái dóunt du
I don't do that
ái dóunt du dat

ESPAÑOL
Yo no hago eso.

2.
INGLÉS
She doesn't do that.

PRONUNCIACIÓN
shi dósent du dat

She
shi
She doesn't
shi dósent
She doesn't do
shi dósent du
She doesn't do that
shi dósent du dat

ESPAÑOL
Ella no hace eso.

3.
INGLÉS
You don't cry.

PRONUNCIACIÓN
iú dóunt krái.

You
iú
You don't
iú dóunt
You don't cry
iú dóunt krái

ESPAÑOL
Tú no lloras.

4.
INGLÉS
He doesn't cry.

PRONUNCIACIÓN
ji dósent krái

He
ji
He doesn't
ji dósent
He doesn't cry
ji dósent krái

ESPAÑOL
El no llora.

5.
INGLÉS
She doesn't drink with Ann.

PRONUNCIACIÓN
shi dósent drink uíz An

She
shi
She doesn't
shi dósent
She doesn't drink
shi dósent drink
She doesn't drink with
shi dósent drink uíz
She doesn't drink with Ann
shi dósent drink uíz An

ESPAÑOL
Ella no bebe con Ann.

6.

INGLÉS
You don't go to the house.

PRONUNCIACIÓN
iú dóunt góu tu de jáus

You
iú
You don't
iú dóunt
You don't go
iú dóunt góu
You don't go to
iú dóunt góu tu
You don't go to the
iú dóunt góu tu de
You don't go to the house
iú dóunt góu tu de jáus

ESPAÑOL
Tú no vas a la casa.

7.

INGLÉS
We don't see the house.

PRONUNCIACIÓN
uí dóunt si de jáus

We
uí
We don't
uí dóunt
We don't see
uí dóunt si
We don't see the
uí dóunt si de
We don't see the house
uí dóunt si de jáus

ESPAÑOL
Nosotros no vemos la casa.

8.

INGLÉS
I don't see from here.

PRONUNCIACIÓN
ái dóunt si from jíar

I
ái
I don't
ái dóunt
I don't see
ái dóunt si
I don't see from
ái dóunt si from
I don't see from here
ái dóunt si from jíar

ESPAÑOL
Yo no veo desde aquí.

9.

INGLÉS
She doesn't pay with money.

PRONUNCIACIÓN
shi dósent péi uíz móni

She
shi
She doesn't
shi dósent
She doesn't pay
shi dósent péi
She doesn't pay with
shi dósent péi uíz
She doesn't pay with money
shi dósent péi uíz móni

ESPAÑOL
Ella no paga con dinero.

10.

INGLÉS
They don't read the book.

PRONUNCIACIÓN
déi dóunt rid de buk

They
déi
They don't
déi dóunt
They don't read
déi dóunt rid
They don't read the
déi dóunt rid de
They don't read the book
déi dóunt rid de buk

ESPAÑOL
Ellos no leen el libro.

11.

INGLÉS
I don't eat with the baby.

PRONUNCIACIÓN
ái dóunt it uíz de béibi

I
ái
I don't
ái dóunt
I don't eat
ái dóunt it
I don't eat with
ái dóunt it uíz
I don't eat with the
ái dóunt it uíz de
I don't eat with the baby
ái dóunt it uíz de béibi

ESPAÑOL
Yo no como con el bebé.

12.
INGLÉS
He doesn't speak with Mary.

PRONUNCIACIÓN
jí dósent spíks uíz Méri

He
jí
He doesn't
jí dósent
He doesn't speak
jí dósent spíks
He doesn't speak with
jí dósent spíks uíz
He doesn't speak with Mary
jí dósent spíks uíz Méri

ESPAÑOL
El no habla con Mary.

13.
INGLÉS
He doesn't drink water.

PRONUNCIACIÓN
jí dósent drink uáter

He
jí
He doesn't
jí dósent
He doesn't drink
jí dósent drink
He doesn't drink water
jí dósent drink uáter

ESPAÑOL
El no bebe agua.

14.
INGLÉS
She doesn't hear that.

PRONUNCIACIÓN
shi dósent jíar dat

She
shi
She doesn't
shi dósent
She doesn't hear
shi dósent jíar
She doesn't hear that
shi dósent jíar dat

ESPAÑOL
Ella no oye eso.

OBSERVATIONS / OBSERVACIONES

Observe que para negar en los verbos que no sean **SER** o **ESTAR,** y auxiliares se coloca **DOES NOT (DOESN'T)** después de los pronombres **HE, SHE, IT** y **DO NOT (DON'T)** para el resto de los pronombres.
Oraciones #1 al 14.

LESSON NINE - PART THREE
LECCIÓN 9 - TERCERA PARTE

COMMON EXPRESSIONS
EXPRESIONES COMUNES

Lea en español la pronunciación del inglés

1.
INGLÉS
I am cold.

PRONUNCIACIÓN
ái am kóuld

I
ái
I am
ái am
I am cold
ái am kóuld

ESPAÑOL
Tengo frío.

2.
INGLÉS
He is cold.

PRONUNCIACIÓN
ji is kóuld

He
ji
He is
ji is
He is cold
ji is kóuld

ESPAÑOL
El tiene frío.

3.
INGLÉS
Let me go.

PRONUNCIACIÓN
let mi góu.

Let
let
Let me
let mi
Let me go
let mi góu

ESPAÑOL
Déjame ir.

4.
INGLÉS
Let me see Mary.

PRONUNCIACIÓN
let mi si Méri

Let
let
Let me
let mi
Let me see
let mi si
Let me see Mary
let mi si Méri

ESPAÑOL
Déjame ver a Mary.

5.
INGLÉS
Let me think.

PRONUNCIACIÓN
let mi zink

Let
let
Let me
let mi
Let me think
let mi zink

ESPAÑOL
Déjame pensar.

6.
INGLÉS
I let you go.

PRONUNCIACIÓN
ái let iú góu

I
ái
I let
ái let
I let you
ái let iú
I let you go
ái let iú góu

ESPAÑOL
Te dejo ir.

7.
INGLÉS
Turn off the light.

PRONUNCIACIÓN
tern of de láit

Turn
tern
Turn off
tern of
Turn off the
tern of de
Turn off the light
tern of de láit

ESPAÑOL
Apaga la luz.

8.
INGLÉS
Mary turns off the light.

PRONUNCIACIÓN
Méri terns of de láit

Mary
Méri
Mary turns
Méri terns
Mary turns off
Méri terns of
Mary turns off the
Méri terns of de
Mary turns off the light
Méri terns of de láit

ESPAÑOL
Mary apaga la luz.

9.
INGLÉS
The boy turns off the radio.

PRONUNCIACIÓN
de bói terns of de réidio

The
de
The boy
de bói
The boy turns
de bói terns
The boy turns off
de bói terns of
The boy turns off the
de bói terns of de
The boy turns off the radio
de bói terns of de réidio

ESPAÑOL
El niño apaga el radio.

10.
INGLÉS
I turn off the T.V.

PRONUNCIACIÓN
ái tern of de ti vi

I
ái
I turn
ái tern
I turn off
ái tern of
I turn off the
ái tern of de
I turn off the T.
ái tern of de ti
I turn off the T.V.
ái tern of de ti vi

ESPAÑOL
Yo apago la T.V.

11.
INGLÉS
The table is on sale.

PRONUNCIACIÓN
de téibol is on séil
The
de
The table
de téibol
The table is
de téibol is
The table is on
de téibol is on
The table is on sale
de téibol is on séil

ESPAÑOL
La mesa está en liquidación.

12.
INGLÉS
My house is for sale.

PRONUNCIACIÓN
mái jáus is for séil
My
mái
My house
mái jáus
My house is
mái jáus is
My house is for
mái jáus is for
My house is for sale
mái jáus is for séil

ESPAÑOL
Mi casa está en venta.

13.
INGLÉS
The table is marked down.

PRONUNCIACIÓN
de téibol is márkt dáun
The
de
The table
de téibol
The table is
de téibol is
The table is marked
de téibol is márkt
The table is marked down
de téibol is márkt dáun

ESPAÑOL
La mesa está rebajada.

14.
INGLÉS
My house is marked down.

PRONUNCIACIÓN
mái jáus is márkt dáun
My
mái
My house
mái jáus
My house is
mái jáus is
My house is marked
mái jáus is márkt

My house is marked down
mái jáus is márkt dáun

ESPAÑOL
Mi casa está rebajada.

15.
INGLÉS
The radio is on sale.

PRONUNCIACIÓN
de réidio is on séil
The
de
The radio
de réidio
The radio is
de réidio is
The radio is on
de réidio is on
The radio is on sale
de réidio is on séil

ESPAÑOL
El radio está rebajado.

16.

INGLÉS
It is on sale.

PRONUNCIACIÓN
it is on séil

It

it

It is

it is

It is on

it is on

It is on sale

it is on séil

ESPAÑOL
Está en liquidación.

17.

INGLÉS
The radio is marked down.

PRONUNCIACIÓN
de réidio is márkt dáun

The

de

The radio

de réidio

The radio is

de réidio is

The radio is marked

de réidio is márkt

The radio is marked down

de réidio is márkt dáun

ESPAÑOL
El radio está rebajado.

18.

INGLÉS
It is marked down.

PRONUNCIACIÓN
it is márkt dáun

It

it

It is

it is

It is marked

it is márkt

It is marked down

it is márkt dáun

ESPAÑOL
Está rebajado.

STUDENT NOTES / NOTAS DEL ESTUDIANTE

LESSON 10 - LECCIÓN 10

VOCABULARY – VOCABULARIO
Lea en español la pronunciación del inglés

INGLÉS	PRONUNCIACIÓN	ESPAÑOL
1. Do	**du**	Palabra para preguntar en presente I - You We - They
2. Does	**dos**	Palabra para preguntar He, She, It
3. Brother	**bróder**	Hermano
4. Sister	**síster**	Hermana
5. Son	**son**	Hijo
6. Daughter	**dóter**	Hija
7. Grandfather	**grándfáder**	Abuelo
8. Grandmother	**grándmóder**	Abuela
9. Wide	**uáid**	Ancho
10. Narrow	**nárou**	Estrecho
11. Cold	**kóuld**	Frío
12. Hot	**jot**	Caliente
13. Strong	**stróng**	Fuerte
14. Weak	**uík**	Débil
15. And	**and**	Y

VERBS – VERBOS

16.	Like	**láik**	Gustar
17.	Love	**lov**	Amar
18.	Love	**lov**	Encantar

LESSON TEN - PART TWO
LECCIÓN 10 - SEGUNDA PARTE

SENTENCES – ORACIONES
Lea en español la pronunciación del inglés

1.

INGLÉS
Do you eat with Ann and Henry?

PRONUNCIACIÓN
du iú it uíz An and Jénri

Do
du
Do you
du iú
Do you eat
du iú it
Do you eat with
du iú it uíz
Do you eat with Ann
du iú it uíz An
Do you eat with Ann and
du iú it uíz An and
Do you eat with Ann and Henry?
du iú it uíz An and Jénri

ESPAÑOL
¿Comes con Ann y Henry?

2.

INGLÉS
Does Ann cry?

PRONUNCIACIÓN
dos An krái

Does
dos
Does Ann
dos An
Does Ann cry?
dos An krái

ESPAÑOL
¿Llora Ann?

3.

INGLÉS
Do you always do that?

PRONUNCIACIÓN
du iú ólueis du dat

Do
du
Do you
du iú
Do you always
du iú ólueis
Do you always do
du iú ólueis du
Do you always do that?
du iú ólueis du dat

ESPAÑOL
¿Siempre haces eso?

4.

INGLÉS
Does he pay the bill?

PRONUNCIACIÓN
dos ji péi de bil

Does
dos
Does he
dos ji
Does he pay
dos ji péi
Does he pay the
dos ji péi de
Does he pay the bill?
dos ji péi de bil

ESPAÑOL
¿Paga él la cuenta?

5.
INGLÉS
Do you always cry?

PRONUNCIACIÓN
du iú ólueis krái

Do
du
Do you
du iú
Do you always
du iú ólueis
Do you always cry?
du iú ólueis krái

ESPAÑOL
¿Lloras siempre?

6.
INGLÉS
Does Mary eat here?

PRONUNCIACIÓN
dos Méri it jíar

Does
dos
Does Mary
dos Méri
Does Mary eat
dos Méri it
Does Mary eat here?
dos Méri it jíar

ESPAÑOL
¿Come Mary aquí?

7.
INGLÉS
Do you see that?

PRONUNCIACIÓN
du iú si dat

Do
du
Do you
du iú
Do you see
du iú si
Do you see that?
du iú si dat

ESPAÑOL
¿Ves eso?

8.
INGLÉS
Do you read the book?

PRONUNCIACIÓN
du iú ríd de buk

Do
du
Do you
du iú
Do you read
du iú ríd
Do you read the
du iú ríd de
Do you read the book?
du iú ríd de buk

ESPAÑOL
¿Lees el libro?

9.
INGLÉS
Do you speak with the father?

PRONUNCIACIÓN
du iú spík uíz de fáder

Do
du
Do you
du iú
Do you speak
du iú spík
Do you speak with
du iú spík uíz
Do you speak with the
du iú spík uíz de
Do you speak with the father?
du iú spík uíz de fáder

ESPAÑOL
¿Hablas con el padre?

10.

INGLÉS
Do you see the mother?

PRONUNCIACIÓN
du iú si de móder

Do
du
Do you
du iú
Do you see
du iú si
Do you see the
du iú si de
Do you see the mother?
du iú si de móder

ESPAÑOL
¿Ves a la madre?

11.

INGLÉS
Do you go to Miami?

PRONUNCIACIÓN
du iú góu tu maiámi

Do
du
Do you
du iú
Do you go
du iú góu
Do you go to
du iú góu tu
Do you go to Miami?
du iú góu tu maiámi

ESPAÑOL
¿Vas a Miami?

12.

INGLÉS
Do you drink with Henry?

PRONUNCIACIÓN
du iú drink uíz Jénri

Do
du
Do you
du iú
Do you drink
du iú drink
Do you drink with
du iú drink uíz
Do you drink with Henry?
du iú drink uíz Jénri

ESPAÑOL
¿Bebes con Henry?

13.

INGLÉS
I like the house.

PRONUNCIACIÓN
ái láik de jáus

I
ái
I like
ái láik
I like the
ái láik de
I like the house
ái láik de jáus

ESPAÑOL
Me gusta la casa.

14.

INGLÉS
I love that woman.

PRONUNCIACIÓN
ái lov dat uúman

I
ái
I love
ái lov
I love that
ái lov dat
I love that women
ái lov dat uúman

ESPAÑOL
Amo esa mujer.

OBSERVATIONS / OBSERVACIONES

Observe que para preguntar con los verbos que no sean **SER** o **ESTAR** y los auxiliares se coloca la palabra **DOES** delante de los pronombres **HE, SHE, IT** y **DO** en los demás pronombres #1 al 12.

LESSON TEN - PART THREE
LECCIÓN 10 - TERCERA PARTE

COMMON EXPRESSIONS
EXPRESIONES COMUNES

Lea en español la pronunciación del inglés

1.

INGLÉS
Do you want to eat?

PRONUNCIACIÓN
du iú uánt tu it

Do
du
Do you
du iú
Do you want
du iú uánt
Do you want to
du iú uánt tu
Do you want to eat?
du iú uánt tu it

ESPAÑOL
¿Quieres comer?

2.

INGLÉS
Yes, I want to eat.

PRONUNCIACIÓN
iés ái uánt tu it

Yes
iés
Yes, I
iés ái
Yes, I want
iés ái uánt
Yes, I want to
iés ái uánt tu
Yes, I want to eat
iés ái uánt tu it

ESPAÑOL
Sí, quiero comer.

3.

INGLÉS
What do you want to eat?

PRONUNCIACIÓN
uát du iú uánt tu it

What
uát
What do
uát du
What do you
uát du iú
What do you want
uát du iú uánt
What do you want to
uát du iú uánt tu
What do you want to eat?
uát du iú uánt tu it

ESPAÑOL
¿Qué quieres comer?

4.

INGLÉS
I want to eat meat.

PRONUNCIACIÓN
ái uánt tu it mit

I
ái
I want
ái uánt
I want to
ái uánt tu
I want to eat
ái uánt tu it
I want to eat meat
ái uánt tu it mit

ESPAÑOL
Quiero comer carne.

5.
INGLÉS
What else?

PRONUNCIACIÓN
uát els

What
uát
What else?
uát els

ESPAÑOL
¿Qué más?

6.
INGLÉS
Also, fish.

PRONUNCIACIÓN
ólso fish

Also
ólso
Also, fish
ólso fish

ESPAÑOL
También, pescado.

7.
INGLÉS
Anything else?

PRONUNCIACIÓN
énizin éls

Anything
énizin
Anything else?
énizin éls

ESPAÑOL
¿Algo más?

8.
INGLÉS
Also chicken.

PRONUNCIACIÓN
ólso chíken

Also
ólso
Also chicken
ólso chíken

ESPAÑOL
También, pollo.

9.
INGLÉS
Do you like tomato?

PRONUNCIACIÓN
du iú láik toméito

Do
du
Do you
du iú
Do you like
du iú láik
Do you like tomato?
du iú láik toméito

ESPAÑOL
¿Le gusta el tomate?

10.
INGLÉS
I don't like tomato.

PRONUNCIACIÓN
ái dóunt láik toméito

I
ái
I don't
ái dóunt
I don't like
ái dóunt láik
I don't like tomato
ái dóunt láik toméito

ESPAÑOL
No me gusta el tomate.

11.
INGLÉS
I prefer potatoes.

PRONUNCIACIÓN
ái prifér potéitos

I
ái
I prefer
ái prifér
I prefer potatoes
ái prifér potéitos

ESPAÑOL
Yo prefiero papas.

12.
INGLÉS
Do you want dessert?

PRONUNCIACIÓN
du iú uánt disért

Do
du
Do you
du iú
Do you want
du iú uánt
Do you want dessert?
du iú uánt disért

ESPAÑOL
¿Quiere postre?

13.
INGLÉS
What do you have for dessert?

PRONUNCIACIÓN
uát du iú jav for disért

What
uát
What do
uát du
What do you
uát du iú
What do you have
uát du iú jav
What do you have for
uát du iú jav for
What do you have for dessert?
uát du iú jav for disért

ESPAÑOL
¿Qué tiene de postre?

14.
INGLÉS
We have many things.

PRONUNCIACIÓN
uí jav méni zings

We
uí
We have
uí jav
We have many
uí jav méni
We have many things
uí jav méni zings

ESPAÑOL
Tenemos muchas cosas.

15.
INGLÉS
What would you like?

PRONUNCIACIÓN
uát uúd iú láik

What
uát
What would
uát uúd
What would you
uát uúd iú
What would you like?
uát uúd iú láik

ESPAÑOL
¿Qué le gustaría?

16.
INGLÉS
I would like a pie.

PRONUNCIACIÓN
ái uúd láik e pái

I
ái
I would
ái uúd
I would like
ái uúd láik
I would like a
ái uúd láik e
I would like a pie
ái uúd láik e pái

ESPAÑOL
Me gustaría un pastel.

LESSON 11 - LECCIÓN 11

VOCABULARY
VOCABULARIO

Lea en español la pronunciación del inglés

INGLÉS	PRONUNCIACIÓN	ESPAÑOL
1. Eat	**it**	Comer
2. Fish	**fish**	Pescado
3. French Fries	**french fráis**	Papas fritas
4. Tomato	**toméito**	Tomate
5. Prefer	**prifér**	Preferir
6. Beans	**bins**	Frijoles
7. Dessert	**disért**	Postre
8. Ice Cream	**áis krim**	Helado
9. Same	**séim**	Lo mismo

LESSON ELEVEN - PART TWO
LECCIÓN 11 - SEGUNDA PARTE

SENTENCES / ORACIONES
Lea en español la pronunciación del inglés

1.

INGLÉS
I eat with Mary.

PRONUNCIACIÓN
ái it uíz Méri

I
ái
I eat
ái it
I eat with
ái it uíz
I eat with Mary
ái it uíz Méri

ESPAÑOL
Yo como con Mary.

2.

INGLÉS
I will eat with Mary.

PRONUNCIACIÓN
ái uíl it uíz Méri

I
ái
I will
ái uíl
I will eat
ái uíl it

I will eat with
ái uíl it uíz
I will eat with Mary
ái uíl it uíz Méri

ESPAÑOL
Yo comeré con Mary.

3.

INGLÉS
I will not eat with Mary.

PRONUNCIACIÓN
ái uíl nat it uíz Méri

I
ái
I will
ái uíl
I will not
ái uíl nat
I will not eat
ái uíl nat it
I will not eat with
ái uíl nat it uíz
I will not eat with Mary
ái uíl nat it uíz Méri

ESPAÑOL
Yo no comeré con Mary.

4.

INGLÉS
Will I eat with Mary?

PRONUNCIACIÓN
uíl ái it uíz Méri

Will
uíl
Will I
uíl ái
Will I eat
uíl ái it
Will I eat with
uíl ái it uíz
Will I eat with Mary?
uíl ái it uíz Méri

ESPAÑOL
¿Comeré con Mary?

5.

INGLÉS
The man drinks.

PRONUNCIACIÓN
de man drinks

The
de
The man
de man
The man drinks
de man drinks

ESPAÑOL
El hombre bebe.

6.

INGLÉS
Will the man drink?

PRONUNCIACIÓN
uíl de man drink

Will
uíl
Will the
uíl de
Will the man
uíl de man
Will the man drink?
uíl de man drink

ESPAÑOL
¿Beberá el hombre?

7.

INGLÉS
The man will drink.

PRONUNCIACIÓN
de man uíl drink

The
de
The man
de man
The man will
de man uíl
The man will drink
de man uíl drink

ESPAÑOL
El hombre beberá.

8.

INGLÉS
The man won't drink.

PRONUNCIACIÓN
de man uóunt drink

The
de
The man
de man
The man won't
de man uóunt
The man won't drink
de man uóunt drink

ESPAÑOL
El hombre no beberá.

9.

INGLÉS
The girl eats.

PRONUNCIACIÓN
de guérl its

The
de
The girl
de guérl
The girl eats
de guérl its

ESPAÑOL
La niña come

10.

INGLÉS
Will the girl eat?

PRONUNCIACIÓN
uíl de guérl it

Will
uíl
Will the
uíl de
Will the girl
uíl de guérl
Will the girl eat?
uíl de guérl it

ESPAÑOL
¿Comerá la niña?

11.

INGLÉS
The girl will eat.

PRONUNCIACIÓN
de guérl uíl it

The
de
The girl
de guérl
The girl will
de guérl uíl
The girl will eat
de guérl uíl it

ESPAÑOL
La niña comerá.

12.
INGLÉS
The girl won't eat.
PRONUNCIACIÓN
de guérl uóunt it

The
de
The girl
de guérl
The girl won't
de guérl uóunt
The girl won't eat
de guérl uóunt it

ESPAÑOL
La niña no comerá.

13.
INGLÉS
Will you go?
PRONUNCIACIÓN
uíl iú góu

Will
uíl
Will you
uíl iú
Will you go?
uíl iú góu

ESPAÑOL
¿Irás?

14.
INGLÉS
I will go.
PRONUNCIACIÓN
ái uíl góu

I
ái
I will
ái uíl
I will go
ái uíl góu

ESPAÑOL
Yo iré.

15.
INGLÉS
I won't go.
PRONUNCIACIÓN
ái uóunt góu

I
ái
I won't
ái uóunt
I won't go
ái uóunt góu

ESPAÑOL
Yo no iré.

16.
INGLÉS
Tom will pay the bill.
PRONUNCIACIÓN
Tám uíl péi de bil

Tom
Tám
Tom will
Tám uíl
Tom will pay
Tám uíl péi
Tom will pay the
Tám uíl péi de
Tom will pay the bill
Tám uíl péi de bil

ESPAÑOL
Tom pagará la cuenta.

17.
INGLÉS
Tom won't pay the bill.
PRONUNCIACIÓN
Tám uóunt péi de bil

Tom
Tám
Tom won't
Tám uóunt
Tom won't pay
Tám uóunt péi
Tom won't pay the
Tám uóunt péi de
Tom won't pay the bill
Tám uóunt péi de bil

ESPAÑOL
Tom no pagará la cuenta.

18.
INGLÉS
Will Tom pay the bill?
PRONUNCIACIÓN
uíl Tám péi de bil
Will
uíl
Will Tom
uíl Tám
Will Tom pay
uíl Tám péi
Will Tom pay the
uíl Tám péi de
Will Tom pay the bill?
uíl Tám péi de bil

ESPAÑOL
¿Pagará Tom la cuenta?

19.
INGLÉS
Where will you go?
PRONUNCIACIÓN
uéar uíl iú góu
Where
uéar
Where will
uéar uíl
Where will you
uéar uíl iú
Where will you go?
uéar uíl iú góu

ESPAÑOL
¿Adónde irás?

20.
INGLÉS
When will you drink?
PRONUNCIACIÓN
uén uíl iú drink
When
uén
When will
uén uíl
When will you
uén uíl iú
When will you drink?
uén uíl iú drink

ESPAÑOL
¿Cuándo beberas?

21.
INGLÉS
How will you pay the bill?
PRONUNCIACIÓN
jáu uíl iú péi de bil
How
jáu
How will
jáu uíl
How will you
jáu uíl iú
How will you pay
jáu uíl iú péi
How will you pay the
jáu uíl iú péi de
How will you pay the bill?
jáu uíl iú péi de bil

ESPAÑOL
¿Cómo pagarás la cuenta?

22.
INGLÉS
Why will you drink?
PRONUNCIACIÓN
uái uíl iú drink
Why
uái
Why will
uái uíl
Why will you
uái uíl iú
Why will you drink?
uái uíl iú drink

ESPAÑOL
¿Por qué beberás?

OBSERVATIONS
OBSERVACIONES

La contracción de **WILL NOT** es **WON'T**. Es decir, es lo mismo **WILL NOT** que **WON'T**. El futuro afirmativo de los verbos, se forma poniendo la palabra **WILL** delante del verbo (números 2, 7, 11, 14 y 16).

El futuro negativo se forma anteponiendo **WILL NOT** al verbo de la oración (números 3, 8, 12, 15 y 17).

El futuro interrogativo se forma anteponiendo **WILL** al sujeto de la oración (números 4, 6, 10, 13 y 18).

Vea que al usar **WHERE, WHEN, WHY**, etc. se colocan delante de **WILL** (números 19, 20, 21 y 22).

LESSON ELEVEN - PART THREE
LECCIÓN 11 - TERCERA PARTE

COMMON EXPRESSIONS
EXPRESIONES COMUNES
Lea en español la pronunciación del inglés

1.

INGLÉS
I like meat more than fish.

PRONUNCIACIÓN
ái láik mit móar dan fish

I
ái
I like
ái láik
I like meat
ái láik mit
I like meat more
ái láik mit móar
I like meat more than
ái láik mit móar dan
I like meat more than fish
ái láik mit móar dan fish

ESPAÑOL
Me gusta la carne más que el pescado.

2.

INGLÉS
She likes rice more than soup.

PRONUNCIACIÓN
shi láiks ráis móar dan sup

She
shi
She likes
shi láiks
She likes rice
shi láiks ráis
She likes rice more
shi láiks ráis móar
She likes rice more than
shi láiks ráis móar dan
She likes rice more than soup
shi láiks ráis móar dan sup

ESPAÑOL
A ella le gusta más el arroz que la sopa.

STUDENT NOTES / NOTAS DEL ESTUDIANTE

LESSON ELEVEN - PART FOUR
LECCIÓN 11 - CUARTA PARTE

CONVERSATION - CONVERSACIÓN
AT THE RESTAURANT - EN EL RESTAURANTE

Lea en español la pronunciación del inglés.

	INGLÉS	PRONUNCIACIÓN	ESPAÑOL
1. Bob:	What do you want to eat?	uát du iú uánt tu it	¿Qué desea comer?
2. Ann:	I want to eat fish.	ái uánt tu it fish	Deseo comer pescado.
3. Bob:	Do you like french fries?	du iú láik french fráis	¿Te gustan las papas fritas?
4. Ann:	I love them.	ái lov dem	Me encantan.
5. Bob:	Do you like tomato?	du iú láik toméito	¿Te gusta el tomate?
6. Ann:	I dont like tomato.	ái dóunt láik toméito	No me gusta el tomate.
7. Bob:	What do you prefer?	uát du iú prifér	¿Qué prefieres?
8. Ann:	I prefer black beans.	ái prifér blak bins	Yo prefiero frijoles negros
9. Bob:	What do you want to drink?	uát du iú uánt tu drink	¿Qué deseas tomar?

INGLÉS		PRONUNCIACIÓN	ESPAÑOL
10. Ann:	A lot of cold water.	e lat ov kóuld uáter	Mucha agua fría.
11. Bob:	What do you wish for dessert?	uát du iú uísh for disért	¿Qué deseas de postre?
12. Ann:	I would like an ice cream.	ái uúd láik an áis krim	Me gustaría un helado.
13. Bob:	I want the same.	ái uánt de séim	Deseo lo mismo.
14. Bob:	Do you like this restaurant?	du iú láik dis résterant	¿Te gusta este restaurante?
15. Ann:	I like it very much.	ái láik it véri moch	Me gusta mucho.
16. Bob:	I pay the bill today.	ái péi de bil tudéi	Yo pago la cuenta hoy.
17. Ann:	O.K. Bob, Thank you.	óu kéi bob zank iú	Bien Bob, Gracias.

STUDENT NOTES / NOTAS DEL ESTUDIANTE

Lea en español la pronunciación del inglés
Refiérase al diálogo que acaba de leer.

1.

INGLÉS
What do you want to eat?

PRONUNCIACIÓN
uát du iú uánt tu it

What
uát
What do
uát du
What do you
uát du iú
What do you want
uát du iú uánt
What do you want to
uát du iú uánt tu
What do you want to eat?
uát du iú uánt tu it

ESPAÑOL
¿Qué deseas comer?

2.

INGLÉS
I want to eat fish.

PRONUNCIACIÓN
ái uánt tu it fish

I
ái
I want
ái uánt
I want to
ái uánt tu
I want to eat
ái uánt tu it
I want to eat fish
ái uánt tu it fish

ESPAÑOL
Deseo comer pescado.

3.

INGLÉS
Do you like french fries?

PRONUNCIACIÓN
du iú láik french fráis

Do
du
Do you
du iú
Do you like
du iú láik
Do you like french
du iú láik french
Do you like french fries?
du iú láik french fráis

ESPAÑOL
¿Te gustan las papas fritas?

4.

INGLÉS
I love them.

PRONUNCIACIÓN
ái lov dem

I
ái
I love
ái lov
I love them
ái lov dem

ESPAÑOL
Me encantan

5.

INGLÉS
Do you like tomato?

PRONUNCIACIÓN
du iú láik toméito

Do
du
Do you
du iú
Do you like
du iú láik
Do you like tomato?
du iú láik toméito

ESPAÑOL
¿Te gusta el tomate?

6.

INGLÉS
I don't like tomato.

PRONUNCIACIÓN
ái dóunt láik toméito

I
ái
I don't
ái dóunt
I don't like
ái dóunt láik
I don't like tomato
ái dóunt láik toméito

ESPAÑOL
No me gusta el tomate.

7.

INGLÉS
What do you prefer?

PRONUNCIACIÓN
uát du iú prifér

What
uát
What do
uát du
What do you
uát du iú
What do you prefer?
uát du iú prifér

ESPAÑOL
¿Qué prefieres?

8.

INGLÉS
I prefer black beans.

PRONUNCIACIÓN
ái prifér blak bins

I
ái
I prefer
ái prifér
I prefer black
ái prifér blak
I prefer black beans
ái prifér blak bins

ESPAÑOL
Yo prefiero frijoles negros.

9.

INGLÉS
What do you want to drink?

PRONUNCIACIÓN
uát du iú uánt tu drink

What
uát
What do
uát du
What do you
uát du iú
What do you want
uát du iú uánt
What do you want to
uát du iú uánt tu
What do you want to drink?
uát du iú uánt tu drink

ESPAÑOL
¿Qué deseas tomar?

10.

INGLÉS
A lot of cold water.

PRONUNCIACIÓN
e lat ov kóuld uáter

A
e
A lot
e lat
A lot of
e lat ov
A lot of cold
e lat ov kóuld
A lot of cold water
e lat ov kóuld uáter

ESPAÑOL
Mucha agua fría.

11.

INGLÉS
What do you wish for dessert?

PRONUNCIACIÓN
uát du iú uísh for disért

What
uát
What do
uát du
What do you
uát du iú
What do you wish
uát du iú uísh
What do you wish for
uát du iú uísh for
What do you wish for dessert?
uát du iú uísh for disért

ESPAÑOL
¿Qué deseas de postre?

12.
INGLÉS
I would like an ice cream.
PRONUNCIACIÓN
ái uúd láik an áis krim

I
ái
I would
ái uúd
I would like
ái uúd láik
I would like an
ái uúd láik an
I would like an ice
ái uúd láik an áis
I would like an ice cream
ái uúd láik an áis krim

ESPAÑOL
Me gustaría un helado.

13.
INGLÉS
I want the same.
PRONUNCIACIÓN
ái uánt de séim

I
ái
I want
ái uánt
I want the
ái uánt de
I want the same
ái uánt de séim

ESPAÑOL
Deseo lo mismo.

14.
INGLÉS
Do you like this restaurant?
PRONUNCIACIÓN
du iú láik dis résterant

Do
du
Do you
du iú
Do you like
du iú láik
Do you like this
du iú láik dis
Do you like this restaurant?
du iú láik dis résterant

ESPAÑOL
¿Te gusta este restaurante?

15.
INGLÉS
I like it very much.
PRONUNCIACIÓN
ái láik it véri moch

I
ái
I like
ái láik
I like it
ái láik it
I like it very
ái láik it véri
I like it very much
ái láik it véri moch

ESPAÑOL
Me gusta mucho.

16.
INGLÉS
Y pay the bill today.
PRONUNCIACIÓN
ái péi de bil tudéi

I
ái
I pay
ái péi
I pay the
ái péi de
I pay the bill
ái péi de bil
I pay the bill today
ái péi de bil tudéi

ESPAÑOL
Yo pago la cuenta hoy.

17.
INGLÉS
O.K. Bob, thank you.
PRONUNCIACIÓN
óu kéi Bob zank iú

O.
óu
O.K.
óu kéi
O.K. Bob
óu kéi Bob
O.K. Bob, thank
óu kéi Bob zank
O.K. Bob, thank you
óu kéi Bob zank iú

ESPAÑOL
Bien Bob, gracias.

LESSON 12 - LECCIÓN 12

SENTENCES - ORACIONES
REPASO
Lea en español la pronunciación del inglés

INGLÉS	PRONUNCIACIÓN	ESPAÑOL
1. You drink with Mary.	iú drink uíz Méri	Tú bebes con Mary.
2. You don't drink with Mary.	iú dóunt drink uíz Méri	Tú no bebes con Mary.
3. Do you drink with Mary?	du iú drink uíz Méri	¿Bebes con Mary?
4. When do you drink with Mary?	uén du iú drink uíz Méri	¿Cuándo bebes con Mary?
5. Will you drink with Mary?	uíl iú drink uíz Méri	¿Beberás con Mary?
6. You won't drink with Mary.	iú uóunt drink uíz Méri	No beberás con Mary.
7. Where will you drink with Mary?	uéar uíl iú drink uíz Méri	¿Dónde beberás con Mary?
8. Why do you go to Miami?	uái du iú góu tu maiámi	¿Por qué vas a Miami?
9. They don't go to Miami.	déi dóunt góu tu maiámi	Ellos no van a Miami.
10. How will you go to Miami?	jáu uíl iú góu tu maiámi	¿Cómo irás a Miami?
11. We won't go to Miami.	ui uóunt góu tu maiámi	Nosotros no iremos a Miami.
12. How old are you?	jáu óuld ar iú	¿Qué edad tienes?
13. I am ten years old.	ái am tén yíars óuld	Yo tengo diez años.
14. Are you cold?	ar iú kóuld	¿Tienes frío?
15. I'm not cold.	aim nat kóuld	No tengo frío.
16. He goes from here.	ji góus from jíar	El va desde aquí.
17. He won't pay until tomorrow.	ji uóunt péi óntil tumórou	El no pagará hasta mañana.
18. That is for me.	dat is for mi	Eso es para mí.

LESSON TWELVE - PART TWO
LECCIÓN 12 - SEGUNDA PARTE

EJERCICIOS DE LAS LECCIONES 7–11

A. Cambie al presente negativo las siguientes oraciones.

Ejemplo: **Mary eats.** Mary doesn't eat.

1. The boy reads the book.

_____

2. Mary speaks with Ann.

_____

3. They pay with money.

_____

4. You cry in the morning.

_____

5. We see the house.

_____

B. Cambie las oraciones de la letra A al presente interrogativo.

Ejemplo: **Does Mary eat?**

_____

_____

_____

_____

_____

C. Cambie las oraciones de la letra A al futuro afirmativo.

Ejemplo: **Mary will eat.**

D. Cambie las oraciones de la letra A al futuro negativo.

Ejemplo: **Mary won't eat.**

E. Cambie las oraciones de la letra A al futuro interrogativo.

Ejemplo: **Will Mary eat?**

F. Use Why? en las oraciones de la letra A.

Ejemplo: **Why does Mary eat?**

___

ANSWERS - RESPUESTAS

A.
1. The boy doesn't read the book.
2. Mary doesn't speak with Ann.
3. They don't pay with money.
4. You don't cry in the morning.
5. We don't see the house.

B.
1. Does the boy read the book?
2. Does Mary speak with Ann?
3. Do they pay with money?
4. Do you cry in the morning?
5. Do we see the house?

C.
1. The boy will read the book.
2. Mary will speak with Ann.
3. They will pay with money.
4. You will cry in the morning.
5. We will see the house.

D.
1. The boy won't read the book
2. Mary won't speak with Ann.
3. They won't pay with money.
4. You won't cry in the morning.
5. We won't see the house.

E.
1. Will the boy read the book?
2. Will Mary speak with Ann?
3. Will they pay with money?
4. Will you cry in the morning?
5. Will we see the house?

F.
1. Why does the boy read the book?
2. Why does Mary speak with Ann?
3. Why do they pay with money?
4. Why do you cry in the morning?
5. Why do we see the house?

LESSON 13 - LECCIÓN 13

VOCABULARY – VOCABULARIO
Lea en español la pronunciación del inglés

	INGLÉS	PRONUNCIACIÓN	ESPAÑOL
1.	Say	**séi**	Decir
2.	Sleep	**slíp**	Dormir
3.	Write	**ráit**	Escribir
4.	Play	**pléi**	Jugar
5.	Ask	**ask**	Preguntar
6.	Answer	**ánser**	Contestar
7.	Live	**lív**	Vivir
8.	Open	**óupen**	Abrir
9.	Between	**bituín**	Entre 2
10.	Among	**amóng**	Entre más de 2
11.	After	**áfter**	Después
12.	Before	**bifóar**	Antes
13.	About	**abáut**	Acerca de
14.	Around	**aráund**	Alrededor
15.	People	**pípol**	Personas
16.	Person	**pérson**	Persona

LESSON THIRTEEN - PART TWO
LECCIÓN 13 - SEGUNDA PARTE

SENTENCES – ORACIONES
Lea en español la pronunciación del inglés

1.

INGLÉS
Mary sleeps between Tom and the boy.

PRONUNCIACIÓN
Méri slíps ituín Tám and de bói

Mary
Méri
Mary sleeps
Méri slíps
Mary sleeps between
Méri slíps bituín
Mary sleeps between Tom
Méri slíps bituín Tám
Mary sleeps between Tom and
Méri slíps bituín Tám and
Mary sleeps between Tom and the
Méri slíps bituín Tám and de
Mary sleeps between Tom and the boy
Méri slíps bituín Tám and de bói

ESPAÑOL
Mary duerme entre Tom y el niño.

2.

INGLÉS
I live among people.

PRONUNCIACIÓN
ái lív amóng pípol

I
ái
I live
ái lív
I live among
ái lív amóng
I live among people
ái lív amóng pípol

ESPAÑOL
Yo vivo entre personas.

3.

INGLÉS
Do you write about Mary?

PRONUNCIACIÓN
du iú ráit abáut Méri

Do
du
Do you
du iú
Do you write
du iú ráit
Do you write about
du iú ráit abáut
Do you write about Mary?
du iú ráit abáut Méri

ESPAÑOL
¿Escribes acerca de Mary?

4.

INGLÉS
You don't play around the house.

PRONUNCIACIÓN
iú dóunt pléi aráund de jáus

> You
> iú
> You don't
> iú dóunt
> You don't play
> iú dóunt pléi
> You don't play around
> iú dóunt pléi aráund
> You don't play around the
> iú dóunt pléi aráund de
> You don't play around the house
> iú dóunt pléi aráund de jáus

ESPAÑOL
Tú no juegas alrededor de la casa.

5.

INGLÉS
I answer after you.

PRONUNCIACIÓN
ái ánser áfter iú

> I
> ái
> I answer
> ái ánser
> I answer after
> ái ánser áfter
> I answer after you
> ái ánser áfter iú

ESPAÑOL
Yo contesto después que tú.

6.

INGLÉS
I go before and Mary goes after.

PRONUNCIACIÓN
ái góu bifóar and Méri gos áfter

> I
> ái
> I go
> ái góu
> I go before
> ái góu bifóar
> I go before and
> ái góu bifóar and
> I go before and Mary
> ái góu bifóar and Méri
> I go before and Mary goes
> ái góu bifóar and Méri gos
> I go before and Mary goes after
> ái góu bifóar and Méri gos áfter

ESPAÑOL
Yo voy antes y Mary va después.

7.

INGLÉS
What do you ask?

PRONUNCIACIÓN
uát du iú ask

> What
> uát
> What do
> uát du
> What do you
> uát du iú
> What do you ask?
> uát du iú ask

ESPAÑOL
¿Qué preguntas?

8.

INGLÉS
I ask about Mary.

PRONUNCIACIÓN
ái ask abáut Méri

I
ái
I ask
ái ask
I ask about
ái ask abáut
I ask about Mary
ái ask abáut Méri

ESPAÑOL
Yo pregunto acerca de Mary.

9.

INGLÉS
Do you always open the door?

PRONUNCIACIÓN
du iú ólueis óupen de dóar

Do
du
Do you
du iú
Do you always
du iú ólueis
Do you always open
du iú ólueis óupen
Do you always open the
du iú ólueis óupen de
Do you always open the door?
du iú ólueis óupen de dóar

ESPAÑOL
¿Abres siempre la puerta?

10.

INGLÉS
I never open the door.

PRONUNCIACIÓN
ái néver óupen de dóar

I
ái
I never
ái néver
I never open
ái néver óupen
I never open the
ái néver óupen de
I never open the door
ái néver óupen de dóar

ESPAÑOL
Yo nunca abro la puerta.

11.

INGLÉS
What do you say?

PRONUNCIACIÓN
uát du iú séi

What
uát
What do
uát du
What do you
uát du iú
What do you say?
uát du iú séi

ESPAÑOL
¿Qué dices?

12.

INGLÉS
He says that Mary is good.

PRONUNCIACIÓN
ji ses dat Méri is gud

He
ji
He says
ji ses
He says that
ji ses dat
He says that Mary
ji ses dat Méri
He says that Mary is
ji ses dat Méri is
He says that Mary is good
ji ses dat Méri is gud

ESPAÑOL
El dice que Mary es buena.

LESSON THIRTEEN - PART THREE
LECCIÓN 13 - TERCERA PARTE

COMMON EXPRESSIONS
EXPRESIONES COMUNES
Lea en español la pronunciación del inglés

1.
INGLÉS
I am hungry.

PRONUNCIACIÓN
ái am jóngri

I
ái
I am
ái am
I am hungry
ái am jóngri

ESPAÑOL
Tengo hambre.

2.
INGLÉS
The boy is hungry.

PRONUNCIACIÓN
de bói is jóngri

The
de
The boy
de bói
The boy is
de bói is
The boy is hungry
de bói is jóngri

ESPAÑOL
El niño tiene hambre.

3.
INGLÉS
I am thirsty.

PRONUNCIACIÓN
ái am zérsti

I
ái
I am
ái am
I am thirsty
ái am zérsti

ESPAÑOL
Tengo sed.

4.
INGLÉS
The man is thirsty.

PRONUNCIACIÓN
de man is zérsti

The
de
The man
de man
The man is
de man is
The man is thirsty
de man is zérsti

ESPAÑOL
El hombre tiene sed.

5.
INGLÉS
I love fried eggs.

PRONUNCIACIÓN
ái lov fráid egs

I
ái
I love
ái lov
I love fried
ái lov fráid
I love fried eggs
ái lov fráid egs

ESPAÑOL
Me gustan los huevos fritos

6.
INGLÉS
I love fried chicken.

PRONUNCIACIÓN
ái lov fráid chíken

I
ái
I love
ái lov
I love fried
ái lov fráid
I love fried chicken
ái lov fráid chíken

ESPAÑOL
Me encanta el pollo frito.

7.
INGLÉS
I love broiled chicken.

PRONUNCIACIÓN
ái lov bróild chíken

I
ái
I love
ái lov
I love broiled
ái lov bróild
I love broiled chicken
ái lov bróild chíken

ESPAÑOL
Me encanta el pollo asado.

8.
INGLÉS
I love broiled pork.

PRONUNCIACIÓN
ái lov bróild pork

I
ái
I love
ái lov
I love broiled
ái lov bróild
I love broiled pork
ái lov bróild pork

ESPAÑOL
Me encanta el puerco asado.

9.
INGLÉS
Do you like chops?

PRONUNCIACIÓN
du iú láik chops

Do
du
Do you
du iú
Do you like
du iú láik
Do you like chops
du iú láik chops

ESPAÑOL
¿Te gustan las chuletas?

10.
INGLÉS
I like veal chops.

PRONUNCIACIÓN
ái láik vil chops

I
ái
I like
ái láik
I like veal
ái láik vil
I like veal chops
ái láik vil chops

ESPAÑOL
Me gustan las chuletas de ternera.

11.
INGLÉS
Also pork chops.

PRONUNCIACIÓN
ólso pork chops

Also
ólso
Also pork
ólso pork
Also pork chops
ólso pork chops

ESPAÑOL
También las chuletas de puerco.

12.
INGLÉS
I want to eat ham.

PRONUNCIACIÓN
ái uánt tu it jam

I
ái
I want
ái uánt
I want to
ái uánt tu
I want to eat
ái uánt tu it
I want to eat ham
ái uánt tu it jam

ESPAÑOL
Quiero comer jamón.

13.

INGLÉS
Does Mary like liver?

PRONUNCIACIÓN
dos Méri láik líver

Does
dos
Does Mary
dos Méri
Does Mary like
dos Méri láik
Does Mary like liver?
dos Méri láik líver

ESPAÑOL
¿Le gusta a Mary el hígado?

14.

INGLÉS
She doesn't like liver.

PRONUNCIACIÓN
shi dósent láik líver

She
shi
She doesn't
shi dósent
She doesn't like
shi dósent láik
She doesn't like liver
shi dósent láik líver

ESPAÑOL
A ella no le gusta el hígado.

15.

INGLÉS
Does Tom like kidney?

PRONUNCIACIÓN
dos Tám láik kídni

Does
dos
Does Tom
dos Tám
Does Tom like
dos Tám láik
Does Tom like kidney?
dos Tám láik kídni

ESPAÑOL
¿Le gusta a Tom el riñón?

16.

INGLÉS
He doesn't like kidney.

PRONUNCIACIÓN
ji dósent láik kídni

He
ji
He doesn't
ji dósent
He doesn't like
ji dósent láik
He doesn't like kidney
ji dósent láik kídni

ESPAÑOL
A él no le gusta el riñón.

17.

INGLÉS
Do you like mutton?

PRONUNCIACIÓN
du iú láik móton

Do
du
Do you
du iú
Do you like
du iú láik
Do you like mutton?
du iú láik móton

ESPAÑOL
¿Te gusta el carnero?

18.

INGLÉS
I like mutton.

PRONUNCIACIÓN
ái láik móton

I
ái
I like
ái láik
I like mutton
ái láik móton

ESPAÑOL
Me gusta el carnero.

LESSON 14 - LECCIÓN 14

VOCABULARY – VOCABULARIO
Lea en español la pronunciación del inglés

	INGLÉS	PRONUNCIACIÓN	ESPAÑOL
1.	Walk	**uók**	Caminar
2.	Use	**iús**	Usar
3.	Work	**uérk**	Trabajar
4.	Stay	**stéi**	Quedarse
5.	Call	**kol**	Llamar
6.	Think	**zink**	Pensar
7.	Want	**uánt**	Querer
8.	Wish	**uísh**	Desear
9.	Close	**klóus**	Cerrar
10.	Come	**kóm**	Venir
11.	Put	**put**	Poner
12.	Take	**téik**	Coger
13.	Give	**guív**	Dar
14.	Get	**guét**	Conseguir
15.	Much, very much	**moch véri moch**	Mucho, mucha
16.	Many	**méni**	Muchos-as

LESSON FOURTEEN - PART TWO
LECCIÓN 14 - SEGUNDA PARTE

SENTENCES / ORACIONES
Lea en español la pronunciación del inglés

1.

INGLÉS
I walk between men.

PRONUNCIACIÓN
ái uók bituín men

I
ái
I walk
ái uók
I walk between
ái uók bituín
I walk between men
ái uók bituín men

ESPAÑOL
Yo camino entre hombres.

2.

INGLÉS
I use the house with Mary.

PRONUNCIACIÓN
ái iús de jáus uíz Méri

I
ái
I use
ái iús
I use the
ái iús de
I use the house
ái iús de jáus
I use the house with
ái iús de jáus uíz
I use the house with Mary
ái iús de jáus uíz Méri

ESPAÑOL
Yo uso la casa con Mary.

3.

INGLÉS
I work very much.

PRONUNCIACIÓN
ái uérk véri moch

I
ái
I work
ái uérk
I work very
ái uérk véri
I work very much
ái uérk véri moch

ESPAÑOL
Yo trabajo mucho.

4.

INGLÉS
I stay here.

PRONUNCIACIÓN
ái stéi jíar

I
ái
I stay
ái stéi
I stay here
ái stéi jíar

ESPAÑOL
Yo me quedo aquí.

5.

INGLÉS
I call my mother.

PRONUNCIACIÓN
ái kol mái móder

I
ái
I call
ái kol
I call my
ái kol mái
I call my mother
ái kol mái móder

ESPAÑOL
Yo llamo a mi madre.

6.

INGLÉS
I think very much.

PRONUNCIACIÓN
ái zink véri moch

I
ái
I think
ái zink
I think very
ái zink véri
I think very much
ái zink véri moch

ESPAÑOL
Yo pienso mucho.

7.

INGLÉS
I want to work.

PRONUNCIACIÓN
ái uánt tu uérk

I
ái
I want
ái uánt
I want to
ái uánt tu
I want to work
ái uánt tu uérk

ESPAÑOL
Yo quiero trabajar.

8.

INGLÉS
I wish to go.

PRONUNCIACIÓN
ái uísh tu góu

I
ái
I wish
ái uísh
I wish to
ái uísh tu
I wish to go
ái uísh tu góu

ESPAÑOL
Yo deseo ir.

9.

INGLÉS
They close the door.

PRONUNCIACIÓN
déi klóus de dóar

They
déi
They close
déi klóus
They close the
déi klóus de
They close the door
déi klóus de dóar

ESPAÑOL
Ellos cierran la puerta.

10.

INGLÉS
They come with father.

PRONUNCIACIÓN
déi kóm uíz fáder

They
déi
They come
déi kóm
They come with
déi kóm uíz
They come with father
déi kóm uíz fáder

ESPAÑOL
Ellos vienen con papá.

11.

INGLÉS
We put the money here.

PRONUNCIACIÓN
uí put de móni jíar

We
uí
We put
uí put
We put the
uí put de
We put the money
uí put de móni
We put the money here
uí put de móni jíar

ESPAÑOL
Nosotros ponemos el dinero aquí.

12.
INGLÉS
They take the book.

PRONUNCIACIÓN
déi téik de buk
　They
　déi
　They take
　déi téik
　They take the
　déi téik de
　They take the book
　déi téik de buk

ESPAÑOL
Ellos cogen el libro.

13.
INGLÉS
I give many things.

PRONUNCIACIÓN
ái guív méni zings
　I
　ái
　I give
　ái guív
　I give many
　ái guív méni
　I give many things
　ái guív méni zings

ESPAÑOL
Yo doy muchas cosas.

14.
INGLÉS
I get much money.

PRONUNCIACIÓN
ái guét moch móni
　I
　ái
　I get
　ái guét
　I get much
　ái guét moch
　I get much money
　ái guét moch móni

ESPAÑOL
Yo consigo mucho dinero.

STUDENT NOTES / NOTAS DEL ESTUDIANTE
_____
_____
_____
_____
_____
_____
_____
_____

LESSON FOURTEEN - PART THREE
LECCIÓN 14 - TERCERA PARTE

COMMON EXPRESSIONS
EXPRESIONES COMUNES
Lea en español la pronunciación del inglés

1.

INGLÉS
I am afraid.

PRONUNCIACIÓN
ái am efréid

I
ái
I am
ái am
I am afraid
ái am efréid

ESPAÑOL
Tengo miedo.

2.

INGLÉS
They are afraid.

PRONUNCIACIÓN
déi ar efréid

They
déi
They are
déi ar
They are afraid
déi ar efréid

ESPAÑOL
Ellos tienen miedo.

3.

INGLÉS
I have breakfast.

PRONUNCIACIÓN
ái jav brékfast

I
ái
I have
ái jav
I have breakfast
ái jav brékfast

ESPAÑOL
Yo desayuno.

4.

INGLÉS
Mary has breakfast.

PRONUNCIACIÓN
Méri jas brékfast

Mary
Méri
Mary has
Méri jas
Mary has breakfast
Méri jas brékfast

ESPAÑOL
Mary se desayuna.

5.

INGLÉS
You have lunch.

PRONUNCIACIÓN
iú jav lonch

You
iú
You have
iú jav
You have lunch
iú jav lonch

ESPAÑOL
Tú almuerzas.

6.

INGLÉS
You have dinner.

PRONUNCIACIÓN
iú jav díner

You
iú
You have
iú jav
You have dinner
iú jav díner

ESPAÑOL
Tú cenas.

7.
INGLÉS
Wait for me.

PRONUNCIACIÓN
uéit for mi

Wait
uéit
Wait for
uéit for
Wait for me
uéit for mi

ESPAÑOL
Espéreme.
ÚÚ

8.
INGLÉS
He is waiting for you.

PRONUNCIACIÓN
ji is uéiting for iú

He
ji
He is
ji is
He is waiting
ji is uéiting
He is waiting for
ji is uéiting for
He is waiting for you
ji is uéiting for iú

ESPAÑOL
El te está esperando.

9.
INGLÉS
What are you waiting for?

PRONUNCIACIÓN
uát ar iú uéiting for

What
uát
What are
uát ar
What are you
uát ar iú
What are you waiting
uát ar iú uéiting
What are you waiting for?
uát ar iú uéiting for

ESPAÑOL
¿Qué estás esperando?

10.
INGLÉS
Don't wait for me.

PRONUNCIACIÓN
dóunt uéit for mi

Don't
dóunt
Don't wait
dóunt uéit
Don't wait for
dóunt uéit for
Don't wait for me
dóunt uéit for mi

ESPAÑOL
No me esperes.

11.
INGLÉS
I am about to go.

PRONUNCIACIÓN
ái am abáut tu góu

I
ái
I am
ái am
I am about
ái am abáut
I am about to
ái am abáut tu
I am about to go
ái am abáut tu góu

ESPAÑOL
Estoy a punto de irme.

12.
INGLÉS
She is about to leave.

PRONUNCIACIÓN
shi is abáut tu lif

She
shi
She is
shi is
She is about
shi is abáut
She is about to
shi is abáut tu
She is about to leave
shi is abáut tu lif

ESPAÑOL
Ella está a punto de irse.

LESSON 15 - LECCIÓN 15

VOCABULARY – VOCABULARIO
Lea en español la pronunciación del inglés

INGLÉS	PRONUNCIACIÓN	ESPAÑOL
1. Keep	**kíip**	Mantener
2. Let	**let**	Dejar, permitir
3. Make	**méik**	Hacer
4. Send	**send**	Enviar
5. Mail	**méil**	Mandar por correo
6. Letter	**léter**	Carta
7. Clean	**klin**	Limpio
8. Neat	**nit**	Limpio
9. Dirty	**dérti**	Sucio

VERB "TO HAVE" – VERBO "TENER"

10. I have	**ái jav**	Yo tengo
11. You Have	**iú jav**	Tú tienes
12. He has	**ji jas**	El tiene
13. She has	**shí jas**	Ella tiene
14. It has	**it jas**	Tiene
15. We have	**uí jav**	Nosotros tenemos
16. They have	**déi jav**	Ellos tienen

LESSON FIFTEEN - PART TWO
LECCIÓN 15 - SEGUNDA PARTE

SENTENCES – ORACIONES
Lea en español la pronunciación del inglés

1.
INGLÉS
They keep the house clean.

PRONUNCIACIÓN
déi kíip de jáus klin

They
déi
They keep
déi kíip
They keep the
déi kíip de
They keep the house
déi kíip de jáus
They keep the house clean
déi kíip de jáus klin

ESPAÑOL
Ellos mantienen la casa limpia.

ÚÚ

2.
INGLÉS
Let me go.

PRONUNCIACIÓN
let mi góu

Let
let
Let me
let mi
Let me go
let mi góu

ESPAÑOL
Déjame ir.

3.
INGLÉS
I make a picture.

PRONUNCIACIÓN
ái méik e píkchur

I
ái
I make
ái méik
I make a
ái méik e
I make a picture
ái méik e píkchur

ESPAÑOL
Yo hago un cuadro.

4.
INGLÉS
They make a book.

PRONUNCIACIÓN
déi méik e buk

They
déi
They make
déi méik
They make a
déi méik e
They make a book
déi méik e buk

ESPAÑOL
Ellos hacen un libro.

5.
INGLÉS
You send the book.

PRONUNCIACIÓN
iú send de buk

You
iú
You send
iú send
You send the
iú send de
You send the book
iú send de buk

ESPAÑOL
Tú envías el libro.

6.
INGLÉS
He sends the money.
PRONUNCIACIÓN
ji sends de móni

He
ji
He sends
ji sends
He sends the
ji sends de
He sends the money
ji sends de móni

ESPAÑOL
El envía el dinero.

7.
INGLÉS
I mail the letter.
PRONUNCIACIÓN
ái méil de léter

I
ái
I mail
ái méil
I mail the
ái méil de
I mail the letter
ái méil de léter

ESPAÑOL
Yo envío la carta por correo.

8.
INGLÉS
They have money.
PRONUNCIACIÓN
déi jav móni

They
déi
They have
déi jav
They have money
déi jav móni

ESPAÑOL
Ellos tienen dinero.

9.
INGLÉS
Do you keep the house clean?
PRONUNCIACIÓN
du iú kíip de jáus klin

Do
du
Do you
du iú
Do you keep
du iú kíip
Do you keep the
du iú kíip de
Do you keep the house
du iú kíip de jáus
Do you keep the house clean?
du iú kíip de jáus klin

ESPAÑOL
¿Mantienes la casa limpia?

10.
INGLÉS
I don't keep the house clean.
PRONUNCIACIÓN
ái dóunt kíip de jáus klin

I
ái
I don't
ái dóunt
I don't keep
ái dóunt kíip
I don't keep the
ái dóunt kíip de
I don't keep the house
ái dóunt kíip de jáus
I don't keep the house clean
ái dóunt kíip de jáus klin

ESPAÑOL
Yo no mantengo la casa limpia.

11.

INGLÉS
Do you let me go?

PRONUNCIACIÓN
du iú let mi góu

Do
du
Do you
du iú
Do you let
du iú let
Do you let me
du iú let mi
Do you let me go?
du iú let mi góu

ESPAÑOL
¿Me dejas ir?

12.

INGLÉS
I don't let you go.

PRONUNCIACIÓN
ái dóunt let iú góu

I
ái
I don't
ái dóunt
I don't let
ái dóunt let
I don't let you
ái dóunt let iú
I don't let you go
ái dóunt let iú góu

ESPAÑOL
No te dejo ir.

13.

INGLÉS
Does Mary mail the letter?

PRONUNCIACIÓN
dos Méri méil de léter

Does
dos
Does Mary
dos Méri
Does Mary mail
dos Méri méil
Does Mary mail the
dos Méri méil de
Does Mary mail the letter?
dos Méri méil de léter

ESPAÑOL
¿Envía Mary la carta?

14.

INGLÉS
She doesn't mail the letter.

PRONUNCIACIÓN
shi dósent méil de léter

She
shi
She doesn't
shi dósent
She doesn't mail
shi dósent méil
She doesn't mail the
shi dósent méil de
She doesn't mail the letter
shi dósent méil de léter

ESPAÑOL
Ella no envía la carta.

LESSON FIFTEEN - PART THREE
LECCIÓN 15 - TERCERA PARTE

COMMON EXPRESSIONS
EXPRESIONES COMUNES
Lea en español la pronunciación del inglés

1.

INGLÉS
You eat dessert.

PRONUNCIACIÓN
iú it disért

You
iú
You eat
iú it
You eat dessert
iú it disért

ESPAÑOL
Tú comes postre.

2.

INGLÉS
You take a break.

PRONUNCIACIÓN
iú téik e bréik

You
iú
You take
iú téik
You take a
iú téik e
You take a break
iú téik e bréik

ESPAÑOL
Tú tomas un descanso.

3.

INGLÉS
How is the weather?

PRONUNCIACIÓN
jáu is de uéder

How
jáu
How is
jáu is
How is the
jáu is de
How is the weather?
jáu is de uéder

ESPAÑOL
¿Cómo está el tiempo?

4.

INGLÉS
It is fine weather.

PRONUNCIACIÓN
it is fáin uéder

It
it
It is
it is
It is fine
it is fáin

It is fine weather
it is fáin uéder

ESPAÑOL
Hace buen tiempo.

5.

INGLÉS
But tomorrow will be warm.

PRONUNCIACIÓN
bot tumórou uíl bi uórm

But
bot
But tomorrow
bot tumórou
But tomorrow will
bot tumórou uíl
But tomorrow will be
bot tumórou uíl bi
But tomorrow will be warm
bot tumórou uíl bi uórm

ESPAÑOL
Pero mañana será caluroso.

6.
INGLÉS
It is unsettled weather.

PRONUNCIACIÓN
it is onsérold uéder

It
it
It is
it is
It is unsettled
it is onsérold
It is unsettled weather
it is onsérold uéder

ESPAÑOL
Es tiempo inestable.

7.
INGLÉS
It is beginning to snow.

PRONUNCIACIÓN
it is biguíning tu snóu

It
it
It is
it is
It is beginning
it is biguíning
It is beginning to
it is biguíning tu
It is beginning to snow
it is biguíning tu snóu

ESPAÑOL
Está empezando a nevar.

8.
INGLÉS
It will rain tomorrow.

PRONUNCIACIÓN
it uíl réin tumórou

It
it
It will
it uíl
It will rain
it uíl réin
It will rain tomorrow
it uíl réin tumórou

ESPAÑOL
Mañana lloverá.

9.
INGLÉS
It is cloudy.

PRONUNCIACIÓN
it is kláudi

It
it
It is
it is
It is cloudy
it is kláudi

ESPAÑOL
Está nublado.

10.
INGLÉS
It is too windy.

PRONUNCIACIÓN
it is tu uíndi

It
it
It is
it is
It is too
it is tu
It is too windy
it is tu uíndi

ESPAÑOL
Está demasiado ventoso.

11.
INGLÉS
I'm afraid of thunder.

PRONUNCIACIÓN
áim efréid ov zónder

I'm
áim
I'm afraid
áim efréid
I'm afraid of
áim efréid ov
I'm afraid of thunder
áim efréid ov zónder

ESPAÑOL
Tengo miedo a los truenos.

12.

INGLÉS
I love a rainbow.

PRONUNCIACIÓN
ái lov e réinbou

I
ái
I love
ái lov
I love a
ái lov e
I love a rainbow
ái lov e réinbou

ESPAÑOL
Me encanta el arcoiris.

13.

INGLÉS
There is a full moon.

PRONUNCIACIÓN
déar is e ful mun

There
déar
There is
déar is
There is a
déar is e
There is a full
déar is e ful
There is a full moon
déar is e ful mun

ESPAÑOL
Hay luna llena.

14.

INGLÉS
The sun is rising.

PRONUNCIACIÓN
de son is ráising

The
de
The sun
de son
The sun is
de son is
The sun is rising
de son is ráising

ESPAÑOL
El sol está saliendo.

15.

INGLÉS
The weather is foggy today.

PRONUNCIACIÓN
de uéder is fógui tudéi

The
de
The weather
de uéder
The weather is
de uéder is
The weather is foggy
de uéder is fógui
The weather is foggy today
de uéder is fógui tudéi

ESPAÑOL
El tiempo está nebuloso hoy.

16.
INGLÉS
It is too cold.

PRONUNCIACIÓN
it is tu kóuld

It
it
It is
it is
It is too
it is tu
It is too cold
it is tu kóuld

ESPAÑOL
Hace mucho frío.

17.
INGLÉS
It is drizzling.

PRONUNCIACIÓN
it is drízlin

It
it
It is
it is
It is drizzling
it is drízlin

ESPAÑOL
Está lloviznando.

18.
INGLÉS
I love the sun.

PRONUNCIACIÓN
ái lov de son

I
ái
I love
ái lov
I love the
ái lov de
I love the sun
ái lov de son

ESPAÑOL
Me encanta el sol.

STUDENT NOTES / NOTAS DEL ESTUDIANTE

LESSON 16 - LECCIÓN 16

VOCABULARY – VOCABULARIO

Lea en español la pronunciación del inglés

	INGLÉS	PRONUNCIACIÓN	ESPAÑOL
1.	Room	**rum**	Cuarto
2.	Living room	**líving rum**	Sala
3.	Dining room	**dáining rum**	Comedor
4.	Kitchen	**kítchen**	Cocina
5.	Bathroom	**bázrum**	Cuarto de baño
6.	Chair	**chéar**	Silla
7.	Furniture	**férnichur**	Muebles
8.	Lamp	**lamp**	Lámpara
9.	Table	**téibol**	Mesa
10.	Bed	**bed**	Cama
11.	Fireplace	**fáiarpléis**	Chimenea
12.	Sofa	**sóufa**	Sofá
13.	Picture	**píkchur**	Cuadro
14.	Window	**uíndou**	Ventana
15.	Wall	**uól**	Pared
16.	Floor	**flóar**	Piso

LESSON SIXTEEN - PART TWO
LECCIÓN 16 - SEGUNDA PARTE

SENTENCES – ORACIONES
Lea en español la pronunciación del inglés

1.

INGLÉS
Where are the rooms?

PRONUNCIACIÓN
uéar ar de rums

Where
uéar
Where are
uéar ar
Where are the
uéar ar de
Where are the rooms?
uéar ar de rums

ESPAÑOL
¿Dónde están los cuartos?

2.

INGLÉS
The living room is in the house.

PRONUNCIACIÓN
de líving rum is in de jáus

The
de
The living
de líving
The living room
de líving rum
The living room is
de líving rum is
The living room is in
de líving rum is in
The living room is in the
de líving rum is in de
The living room is in the house
de líving rum is in de jáus

ESPAÑOL
La sala está en la casa.

3.

INGLÉS
Why do you like the lamp?

PRONUNCIACIÓN
uái du iú láik de lamp

Why
uái
Why do
uái du
Why do you
uái du iú
Why do you like
uái du iú láik
Why do you like the
uái du iú láik de
Why do you like the lamp?
uái du iú láik de lamp

ESPAÑOL
¿Por qué te gusta la lámpara?

4.
INGLÉS
Because it is beautiful.

PRONUNCIACIÓN
bicóas it is biútiful

Because
bicóas
Because it
bicóas it
Because it is
bicóas it is
Because it is beautiful
bicóas it is biútiful

ESPAÑOL
Porque es bella.

5.
INGLÉS
When do you see the furniture?

PRONUNCIACIÓN
uén du iú si de férnichur

When
uén
When do
uén du
When do you
uén du iú
When do you see
uén du iú si
When do you see the
uén du iú si de
When do you see the furniture?
uén du iú si de férnichur

ESPAÑOL
¿Cuándo ves los muebles?

6.
INGLÉS
What is that?

PRONUNCIACIÓN
uát is dat

What
uát
What is
uát is
What is that?
uát is dat

ESPAÑOL
¿Qué es eso?

7.
INGLÉS
That is a bed.

PRONUNCIACIÓN
dat is e bed

That
dat
That is
dat is
That is a
dat is e
That is a bed
dat is e bed

ESPAÑOL
Eso es una cama.

8.
INGLÉS
Is the sofa clean?

PRONUNCIACIÓN
is de sóufa klin

Is
is
Is the
is de
Is the sofa
is de sóufa
Is the sofa clean?
is de sóufa klin

ESPAÑOL
¿Está limpio el sofá?

9.
INGLÉS
No, it is dirty.

PRONUNCIACIÓN
no it is dérti

No
no
No, it
no it
No, it is
no it is
No, it is dirty
no it is dérti

ESPAÑOL
No, está sucio.

10.
INGLÉS
Where are the pictures?
PRONUNCIACIÓN
uéar ar de píkchurs
Where
uéar
Where are
uéar ar
Where are the
uéar ar de
Where are the pictures?
uéar ar de píkchurs

ESPAÑOL
¿Dónde están los cuadros?

11.
INGLÉS
In the living room.
PRONUNCIACIÓN
in de líving rum
In
in
In the
in de
In the living
in de líving
In the living room
in de líving rum

ESPAÑOL
En la sala.

12.
INGLÉS
Do you mail the letter?
PRONUNCIACIÓN
du iú méil de léter
Do
du
Do you
du iú
Do you mail
du iú méil
Do you mail the
du iú méil de
Do you mail the letter?
du iú méil de léter

ESPAÑOL
¿Mandas la carta por correo?

STUDENT NOTES / NOTAS DEL ESTUDIANTE

LESSON SIXTEEN - PART THREE
LECCIÓN 16 - TERCERA PARTE

COMMON EXPRESSIONS
EXPRESIONES COMUNES
Lea en español la pronunciación del inglés

1.

INGLÉS
He is about ten years old.

PRONUNCIACIÓN
ji is abáut tén yíars óuld

He
ji
He is
ji is
He is about
ji is abáut
He is about ten
ji is abáut tén
He is about ten years
ji is abáut tén yíars
He is about ten years old
ji is abáut tén yíars óuld

ESPAÑOL
El tiene diez años más o menos.

2.

INGLÉS
I have about ten dollars.

PRONUNCIACIÓN
ái jav abáut tén dólars

I
ái
I have
ái jav
I have about
ái jav abáut
I have about ten
ái jav abáut tén
I have about ten dollars
ái jav abáut tén dólars

ESPAÑOL
Tengo diez dólares más o menos.

3.

INGLÉS
I am about to go.

PRONUNCIACIÓN
ái am abáut tu góu

I
ái
I am
ái am
I am about
ái am abáut
I am about to
ái am abáut tu
I am about to go
ái am abáut tu góu

ESPAÑOL
Estoy a punto de irme.

4.

INGLÉS
He is about to die.

PRONUNCIACIÓN
ji is abáut tu dái

He
ji
He is
ji is
He is about
ji is abáut
He is about to
ji is abáut tu
He is about to die
ji is abáut tu dái

ESPAÑOL
El está a punto de morir.

5.

INGLÉS
What are you talking about?

PRONUNCIACIÓN
uát ar iú tóking abáut

What
uát
What are
uát ar
What are you
uát ar iú
What are you talking
uát ar iú tóking
What are you talking about?
uát ar iú tóking abáut

ESPAÑOL
¿De qué hablas?

6.

INGLÉS
We talk about you.

PRONUNCIACIÓN
uí tok abáut iú

We
uí
We talk
uí tok
We talk about
uí tok abáut
We talk about you
uí tok abáut iú

ESPAÑOL
Nosotros hablamos de tí.

7.

INGLÉS
Tom is about to die.

PRONUNCIACIÓN
Tám is abáut tu dái

Tom
Tám
Tom is
Tám is
Tom is about
Tám is abáut
Tom is about to
Tám is abáut tu
Tom is about to die
Tám is abáut tu dái

ESPAÑOL
Tom está a punto de morir.

8.

INGLÉS
Do it at once.

PRONUNCIACIÓN
du it at uáns

Do
du
Do it
du it
Do it at
du it at
Do it at once
du it at uáns

ESPAÑOL
Hazlo enseguida.

9.

INGLÉS
I have to go at once.

PRONUNCIACIÓN
ái jav tu góu at uáns

I
ái
I have
ái jav
I have to
ái jav tu
I have to go
ái jav tu góu
I have to go at
ái jav tu góu at
I have to go at once
ái jav tu góu at uáns

ESPAÑOL
Tengo que irme enseguida.

10.
INGLÉS
I often get lost.
PRONUNCIACIÓN
ái ófen guét lost

I
ái
I often
ái ófen
I often get
ái ófen guét
I often get lost
ái ófen guét lost

ESPAÑOL
Me pierdo a menudo.

11.
INGLÉS
She always gets lost.
PRONUNCIACIÓN
shi ólueis guéts lost

She
shi
She always
shi ólueis
She always gets
shi ólueis guéts
She always gets lost
shi ólueis guéts lost

ESPAÑOL
Ella siempre se pierde.

12.
INGLÉS
I'll give you a ring.
PRONUNCIACIÓN
áil guív iú e ring

I'll
áil
I'll give
áil guív
I'll give you
áil guív iú
I'll give you a
áil guív iú e
I'll give you a ring
áil guív iú e ring

ESPAÑOL
Te llamaré por teléfono.

STUDENT NOTES / NOTAS DEL ESTUDIANTE

LESSON 17 - LECCIÓN 17

VOCABULARY – VOCABULARIO

Lea en español la pronunciación del inglés

	INGLÉS	PRONUNCIACIÓN	ESPAÑOL
1.	Can	**kan**	Poder realizar una acción
2.	May	**méi**	Posibilidad de realizar una acción
3.	Must	**most**	Tener que realizar una acción
4.	Should	**shud**	Debería o debiese
5.	Would	**uúd**	Modo condicional (ría)
6.	Can not	**kan nat**	No poder
7.	Can't	**kánt**	Contracción
8.	May not	**méi nat**	Puede que no
9.	Must not	**most nat**	No tengo que
10.	Mustn't	**mósent**	Contracción
11.	Should not	**shud nat**	No debería
12.	Shouldn't	**shúdent**	Contracción
13.	Would not	**uúd nat**	No, con la terminación ría
14.	Wouldn't	**uúdent**	Contracción
15.	Could	**kud**	Puede, pudiera
16.	Couldn't	**kúdent**	No poder *(en pasado)*

LESSON SEVENTEEN - PART TWO
LECCIÓN 17 - SEGUNDA PARTE

SENTENCES – ORACIONES
Lea en español la pronunciación del inglés

1.
INGLÉS
Can you go?
PRONUNCIACIÓN
kan iú góu

Can
kan
Can you
kan iú
Can you go?
kan iú góu

ESPAÑOL
¿Puedes ir?

2.
INGLÉS
I can go.
PRONUNCIACIÓN
ái kan góu

I
ái
I can
ái kan
I can go
ái kan góu

ESPAÑOL
Yo puedo ir.

3.
INGLÉS
I could go.
PRONUNCIACIÓN
ái kud góu

I
ái
I could
ái kud
I could go
ái kud góu

ESPAÑOL
Yo pude ir.

4.
INGLÉS
I couldn't go.
PRONUNCIACIÓN
ái kúdent góu

I
ái
I couldn't
ái kúdent
I couldn't go
ái kúdent góu

ESPAÑOL
Yo no pude ir.

5.
INGLÉS
I can't go.
PRONUNCIACIÓN
ái kánt góu

I
ái
I can't
ái kánt
I can't go
ái kánt góu

ESPAÑOL
Yo no puedo ir.

6.
INGLÉS
May I go with you?
PRONUNCIACIÓN
méi ái góu uíz iú

May
méi
May I
méi ái
May I go
méi ái góu
May I go with
méi ái góu uíz
May I go with you?
méi ái góu uíz iú

ESPAÑOL
¿Puedo ir contigo?

7.

INGLÉS
I may go with you.

PRONUNCIACIÓN
ái méi góu uíz iú

I
ái
I may
ái méi
I may go
ái méi góu
I may go with
ái méi góu uíz
I may go with you
ái méi góu uíz iú

ESPAÑOL
Puede que vaya contigo.

8.

INGLÉS
I may not go with you.

PRONUNCIACIÓN
ái méi nat góu uíz iú

I
ái
I may
ái méi
I may not
ái méi nat
I may not go
ái méi nat góu
I may not go with
ái méi nat góu uíz
I may not go with you
ái méi nat góu uíz iú

ESPAÑOL
Puede que no vaya contigo.

9.

INGLÉS
Must they eat?

PRONUNCIACIÓN
most déi it

Must
most
Must they
most déi
Must they eat?
most déi it

ESPAÑOL
¿Tienen ellos que comer?

10.

INGLÉS
They must eat.

PRONUNCIACIÓN
déi most it

They
déi
They must
déi most
They must eat
déi most it

ESPAÑOL
Ellos tienen que comer.

11.

INGLÉS
They mustn't eat.

PRONUNCIACIÓN
déi mósent it

They
déi
They mustn't
déi mósent
They mustn't eat
déi mósent it

ESPAÑOL
Ellos no tienen que comer.

12.

INGLÉS
Should we go?

PRONUNCIACIÓN
shud uí góu

Should
shud
Should we
shud uí
Should we go?
shud uí góu

ESPAÑOL
¿Deberíamos ir?

13.

INGLÉS
We shouldn't go.

PRONUNCIACIÓN
uí shúdent góu

We
uí
We shouldn't
uí shúdent
We shouldn't go
uí shúdent góu

ESPAÑOL
No deberíamos ir.

14.

INGLÉS
Would you go to Miami?

PRONUNCIACIÓN
uúd iú góu tu maiámi

Would
uúd
Would you
uúd iú
Would you go
uúd iú góu
Would you go to
uúd iú góu tu
Would you go to Miami
uúd iú góu tu maiámi

ESPAÑOL
¿Irías tú a Miami?

15.

INGLÉS
I would go to Miami.

PRONUNCIACIÓN
ái uúd góu tu maiámi

I
ái
I would
ái uúd
I would go
ái uúd góu
I would go to
ái uúd góu tu
I would go to Miami
ái uúd góu tu maiámi

ESPAÑOL
Yo iría a Miami.

16.

INGLÉS
I wouldn't go to Miami.

PRONUNCIACIÓN
ái uúdent góu tu maiámi

I
ái
I wouldn't
ái uúdent
I wouldn't go
ái uúdent góu
I wouldn't go to
ái uúdent góu tu
I wouldn't go to Miami
ái uúdent góu tu maiámi

ESPAÑOL
Yo no iría a Miami

OBSERVATION / OBSERVACIONES

Para afirmar con **CAN, MAY, MUST, SHOULD,** el verbo que le sigue va en su forma simple.

Ejemplos: I can go
I may go
I must go
I should go

Para negar se le agrega **NOT** después del auxiliar.

Ejemplo: We can not go.

Para preguntar, el auxiliar va delante del sujeto.

Ejemplo: Can I go?

Estos auxiliares se conjugan igual para todas las personas.

Ejemplos: I should go
They should go
He should go
We should go

LESSON SEVENTEEN - PART THREE
LECCIÓN 17 - TERCERA PARTE

COMMON EXPRESSIONS
EXPRESIONES COMUNES
Lea en español la pronunciación del inglés

1.

INGLÉS
How many rooms are there?

PRONUNCIACIÓN
jáu méni rums ar déar

How
> jáu

How many
> jáu méni

How many rooms
> jáu méni rums

How many rooms are
> jáu méni rums ar

How many rooms are there?
> jáu méni rums ar déar

ESPAÑOL
¿Cuántos cuartos hay?

2.

INGLÉS
There are three bedrooms.

PRONUNCIACIÓN
déar ar zríi bédrums

There
> déar

There are
> déar ar

There are three
> déar ar zríi

There are three bedrooms
> déar ar zríi bédrums

ESPAÑOL
Hay tres dormitorios.

3.

INGLÉS
The living room is large.

PRONUNCIACIÓN
de líving rum is larch

The
> de

The living
> de líving

The living room
> de líving rum

The living room is
> de líving rum is

The living room is large
> de líving rum is larch

ESPAÑOL
La sala es grande.

4.

INGLÉS
The fireplace is beautiful.

PRONUNCIACIÓN
de faíarpléis is biútiful

The
> de

The fireplace
> de fáiarpléis

The fireplace is
> de fáiarpléis is

The fireplace is beautiful
> de fáiarpléis is biútiful

ESPAÑOL
La chimenea es bella.

5.
INGLÉS
The furniture is new.

PRONUNCIACIÓN
de férnichur is nú

The
de
The furniture
de férnichur
The furniture is
de férnichur is
The furniture is new
de férnichur is nú

ESPAÑOL
El mueble es nuevo.

6.
INGLÉS
They have twin beds.

PRONUNCIACIÓN
déi jav tuín beds

They
déi
They have
déi jav
They have twin
déi jav tuín
They have twin beds
déi jav tuín beds

ESPAÑOL
Ellos tienen camas gemelas.

7.
INGLÉS
The kitchen is marvelous.

PRONUNCIACIÓN
de kíchen is márveles

The
de
The kitchen
de kíchen
The kitchen is
de kíchen is
The kitchen is marvelous
de kíchen is márveles

ESPAÑOL
La cocina es maravillosa.

8.
INGLÉS
The door is painted.

PRONUNCIACIÓN
de dóar is péinted

The
de
The door
de dóar
The door is
de dóar is
The door is painted
de dóar is péinted

ESPAÑOL
La puerta está pintada.

9.
INGLÉS
The garage is wide.

PRONUNCIACIÓN
de garách is uáid

The
de
The garage
de garách
The garage is
de garách is
The garage is wide
de garách is uáid

ESPAÑOL
El garaje es ancho.

10.
INGLÉS
The yard has trees.

PRONUNCIACIÓN
de yard jas tríis

The
de
The yard
de yard
The yard has
de yard jas
The yard has trees
de yard jas tríis

ESPAÑOL
El patio tiene árboles.

11.
INGLÉS
The bathroom is blue.
PRONUNCIACIÓN
de bázrum is blú
 The
 de
 The bathroom
 de bázrum
 The bathroom is
 de bázrum is
 The bathroom is blue
 de bázrum is blú
ESPAÑOL
El cuarto de baño es azul.

12.
INGLÉS
The dining room is new.
PRONUNCIACIÓN
de dáining rum is nú
 The
 de
 The dining
 de dáining
 The dining room
 de dáining rum
 The dining room is
 de dáining rum is
 The dining room is new
 de dáining rum is nú
ESPAÑOL
El comedor es nuevo.

13.
INGLÉS
Mary rings the bell.
PRONUNCIACIÓN
Méri rings de bel
 Mary
 Méri
 Mary rings
 Méri rings
 Mary rings the
 Méri rings de
 Mary rings the bell
 Méri rings de bel
ESPAÑOL
Mary toca el timbre.

14.
INGLÉS
I knock at the door.
PRONUNCIACIÓN
ái nok at de dóar
 I
 ái
 I knock
 ái nok
 I knock at
 ái nok at
 I knock at the
 ái nok at de
 I knock at the door
 ái nok at de dóar
ESPAÑOL
Yo toco a la puerta.

15.
INGLÉS
There are pictures on the walls.
PRONUNCIACIÓN
déar ar píkchurs on de uóls
 There
 déar
 There are
 déar ar
 There are pictures
 déar ar píkchurs
 There are pictures on
 déar ar píkchurs on
 There are pictures on the
 déar ar píkchurs on de
 There are pictures on the walls
 déar ar píkchurs on de uóls
ESPAÑOL
Hay cuadros en las paredes.

LESSON SEVENTEEN - PART FOUR
LECCIÓN 17 - CUARTA PARTE

CONVERSATION – CONVERSACIÓN
THE WEATHER – EL TIEMPO

Lea en español la pronunciación del inglés

	INGLÉS	PRONUNCIACIÓN	ESPAÑOL
1. Tom:	How is the weather?	**jáu is de uéder**	¿Cómo está el tiempo?
2. Ann:	The weather is fine today.	**de uéder is fáin tudéi**	El tiempo está bueno hoy
3. Tom:	What is the weather forecast?	**uát is de uéder fórkast**	¿Cuál es el pronóstico del tiempo?
4. Ann:	Very bad for next week.	**véri bad for next uík**	Muy malo para la próxima semana.
5. Tom:	How will the weather be?	**jáu uíl de uéder bi**	¿Cómo estará el tiempo?
6. Ann:	It will start to snow.	**it uíl start tu snóu**	Empezará a nevar.
7. Tom:	I hate cold weather.	**ái jéit kóuld uéder**	Odio el tiempo frío.
8. Ann:	Me too.	**mi tu**	Yo también.
9. Tom:	It is marvelous to live in Miami.	**it is márveles tu liv in maiámi**	Es maravilloso vivir en Miami.
10. Ann:	Let's go to Miami.	**lets góu tu maiámi**	Vámonos a Miami.
11. Tom:	I wish I could go.	**ái uísh ái kud góu**	Ojalá pudiera ir.
12. Ann:	Next year we will go to Miami.	**next yíar uí uíl góu tu maiámi**	El próximo año iremos a Miami.
13. Tom:	We will, I'll see you tomorrow.	**uí uíl áil si iú tumórou**	Iremos, te veré mañana.

Lea en español la pronunciación del inglés
(Refiérase al diálogo que acaba de leer)

1.

INGLÉS
Tom: How is the weather?

PRONUNCIACIÓN
jáu is de uéder
 How
 jáu
 How is
 jáu is
 How is the
 jáu is de
 How is the weather?
 jáu is de uéder

ESPAÑOL
¿Cómo está el tiempo?

2.

INGLÉS
Ann: The weather is fine today.

PRONUNCIACIÓN
de uéder is fáin tudéi
 The
 de
 The weather
 de uéder
 The weather is
 de uéder is
 The weather is fine
 de uéder is fáin
 The weather is fine today
 de uéder is fáin tudéi

ESPAÑOL
El tiempo está bueno hoy.

3.

INGLÉS
Tom: What is the weather forecast?

PRONUNCIACIÓN
uát is de uéder fórkast
 What
 uát
 What is
 uát is
 What is the
 uát is de
 What is the weather
 uát is de uéder
 What is the weather forecast?
 uát is de uéder fórkast

ESPAÑOL
¿Cúal es el pronóstico del tiempo?

4.

INGLÉS
Ann: Very bad for next week.

PRONUNCIACIÓN
véri bad for next uík
 Very
 véri
 Very bad
 véri bad
 Very bad for
 véri bad for
 Very bad for next
 véri bad for next
 Very bad for next week
 véri bad for next uík

ESPAÑOL
Muy malo para la próxima semana.

5.

INGLÉS
Tom: How will the weather be?

PRONUNCIACIÓN
jáu uíl de uéder bi

How
jáu
How will
jáu uíl
How will the
jáu uíl de
How will the weather
jáu uíl de uéder
How will the weather be?
jáu uíl de uéder bi

ESPAÑOL
¿Cómo estará el tiempo?

6.

INGLÉS
Ann: It will start to snow.

PRONUNCIACIÓN
it uíl start tu snóu

It
it
It will
it uíl
It will start
it uíl start
It will start to
it uíl start tu
It will start to snow
it uíl start tu snóu

ESPAÑOL
Empezará a nevar.

7.

INGLÉS
Tom: I hate cold weather.

PRONUNCIACIÓN
ái jéit kóuld uéder

I
ái
I hate
ái jéit
I hate cold
ái jéit kóuld
I hate cold weather
ái jéit kóuld uéder

ESPAÑOL
Odio el tiempo frío.

8.

INGLÉS
Ann: Me too.

PRONUNCIACIÓN
mi tu

Me
mi
Me too
mi tu

ESPAÑOL
Yo también.

9.

INGLÉS
Tom: It is marvelous to live in Miami.

PRONUNCIACIÓN
it is márveles tu liv in maiámi.

It
it
It is
it is
It is marvelous
it is márveles
It is marvelous to
it is márveles tu
It is marvelous to live
it is márveles tu liv
It is marvelous to live in
it is márveles tu liv in
It is marvelous to live in Miami
it is márveles tu liv in maiámi

ESPAÑOL
Es maravilloso vivir en Miami.

10.

INGLÉS
Ann: Let's go to Miami.

PRONUNCIACIÓN
lets góu tu maiámi
Let's
lets
Let's go
lets góu
Let's go to
lets góu tu
Let's go to Miami
lets góu tu maiámi

ESPAÑOL
Vámonos a Miami.

11.

INGLÉS
Tom: I wish I could go.

PRONUNCIACIÓN
ái uísh ái kud góu
I
ái
I wish
ái uísh
I wish I
ái uísh ái
I wish I could
ái uísh ái kud
I wish I could go
ái uísh ái kud góu

ESPAÑOL
Ojalá pudiera ir.

12.

INGLÉS
Ann: Next year we will go to Miami.

PRONUNCIACIÓN
next yíar uí uíl góu tu maiámi
Next
next
Next year
next yíar
Next year we
next yíar uí
Next year we will
next yíar uí uíl
Next year we will go
next yíar uí uíl góu
Next year we will go to
next yíar uí uíl góu tu
Next year we will go to Miami
next yíar uí uíl góu tu maiámi

ESPAÑOL
El próximo año iremos a Miami.

13.

INGLÉS
Tom: We will, I'll see you tomorrow.

PRONUNCIACIÓN
uí uíl áil si iú tumórou
We
uí
We will
uí uíl
We will, I'll
uí uíl áil
We will, I'll see
uí uíl áil si
We will, I'll see you
uí uíl áil si iú
We will, I'll see you tomorrow
uí uíl áil si iú tumórou

ESPAÑOL
Iremos, te veré mañana.

STUDENT NOTES
NOTAS DEL ESTUDIANTE

LESSON 18 - LECCIÓN 18

REVIEW – REPASO

Lea en español la pronunciación del inglés

| INGLÉS | PRONUNCIACIÓN | ESPAÑOL |

1. I would go to Miami but I must stay here.
ái uúd góu tu maiámi bot ái most stéi jíar
Yo iría a Miami pero tengo que quedarme aquí.

2. I should study because I have many books.
ái shud stódi bicóas ái jav méni buks
Yo debería estudiar porque tengo muchos libros.

3. I can work a lot because I am well.
ái kan uérk e lot bicóas ái am uél
Yo puedo trabajar mucho porque estoy bien.

4. I may go tomorrow if I am not sick.
ái méi góu tumórou if ái am nat sik
Puede que vaya mañana si no estoy enfermo.

5. I wouldn't go with him to work in that house.
ái uúdent góu uíz jim tu uérk in dat jáus
Yo no iría con él a trabajar en esa casa.

| INGLÉS | PRONUNCIACIÓN | ESPAÑOL |

6. The car is between beautiful houses.
de kar is bituín biútiful jáuses
El auto está entre dos bellas casas.

7. I live among many good friends.
ái lív amóng méni gud frends
Yo vivo entre muchos buenos amigos.

8. Mary is always hungry and thirsty.
Méri is ólueis jóngri and zérsti
Mary siempre está hambrienta y sedienta.

9. I am afraid when I have breakfast or lunch.
ái am efréid uén ái jav brékfast or lonch
Yo tengo miedo cuando desayuno o almuerzo.

10. Tom and Mary are always talking about Ann.
Tám and Méri ar ólueis tóking abáut An
Tom y Mary siempre están hablando acerca de Ann.

LESSON EIGHTEEN - PART TWO
LECCIÓN 18 - SEGUNDA PARTE

EXERCISES - EJERCICIOS

Translate to English version - Traduzca al inglés:

Example: Yo puedo trabajar. I can work.

1. Yo puedo ir con ella. _____
2. Yo no puedo ir. _____
3. ¿Puedes ir? _____
4. Puede que yo vaya. _____
5. Puede que yo no vaya. _____
6. Yo debiese ir. _____
7. Yo no debiese ir. _____
8. Yo tengo que ir. _____
9. Yo no tengo que ir. _____
10. Yo iría con ella. _____
11. Yo no iría con ella. _____
12. ¿Trabajarías con ella? _____

ANSWERS - RESPUESTAS

1. I can go with her.
2. I can't go.
3. Can you go?
4. I may go.
5. I may not go.
6. I should go.
7. I shouldn't go.
8. I must go.
9. I mustn't go.
10. I would go with her.
11. I wouldn't go with her.
12. Would you work with her?

LESSON 19 - LECCIÓN 19

VOCABULARY – VOCABULARIO

Lea en español la pronunciación del inglés

	INGLÉS	PRONUNCIACIÓN	ESPAÑOL
1.	Now	**náo**	Ahora
2.	Yesterday	**iésterdei**	Ayer
3.	Tomorrow	**tumórou**	Mañana
4.	Always	**ólueis**	Siempre
5.	Never	**néver**	Nunca
6.	Often	**ófen**	A menudo
7.	Sometimes	**sómtaims**	A veces
8.	Yet	**iét**	Todavía
9.	Already	**olrédi**	Ya
10.	Early	**érli**	Temprano
11.	Late	**léit**	Tarde
12.	Win	**uín**	Ganar
13.	Bet	**bet**	Apostar
14.	Admit	**admít**	Admitir
15.	Lie	**lái**	Mentir
16.	Today	**tudéi**	Hoy

LESSON NINETEEN - PART TWO
LECCIÓN 19 - SEGUNDA PARTE

SENTENCES – ORACIONES
Lea en español la pronunciación del inglés

1.
INGLÉS
Where is Mary now?
PRONUNCIACIÓN
uéar is Méri náo

> Where
> uéar
> Where is
> uéar is
> Where is Mary
> uéar is Méri
> Where is Mary now?
> uéar is Méri náo

ESPAÑOL
¿Dónde está Mary ahora?

2.
INGLÉS
She is always here.
PRONUNCIACIÓN
shi is ólueis jíar

> She
> shi
> She is
> shi is
> She is always
> shi is ólueis
> She is always here
> shi is ólueis jíar

ESPAÑOL
Ella está siempre aquí.

3.
INGLÉS
The boy is never with him.
PRONUNCIACIÓN
de bói is néver uíz jim

> The
> de
> The boy
> de bói
> The boy is
> de bói is
> The boy is never
> de bói is néver
> The boy is never with
> de bói is néver uíz
> The boy is never with him
> de bói is néver uíz jim

ESPAÑOL
El niño nunca está con él.

4.
INGLÉS
You never go.
PRONUNCIACIÓN
iú néver góu

> You
> iú
> You never
> iú néver
> You never go
> iú néver góu

ESPAÑOL
Tú nunca vas.

5.
INGLÉS
You often drink water.
PRONUNCIACIÓN
iú ófen drink uáter

> You
> iú
> You often
> iú ófen
> You often drink
> iú ófen drink
> You often drink water
> iú ófen drink uáter

ESPAÑOL
Tú bebes agua a menudo.

6.
INGLÉS
You sometimes work.
PRONUNCIACIÓN
iú somtáims uérk

> You
> iú
> You sometimes
> iú somtáims
> You sometimes work
> iú somtáims uérk

ESPAÑOL
A veces trabajas.

7.
INGLÉS
It is already late.

PRONUNCIACIÓN
it is ólredi léit

It
it
It is
it is
It is already
it is ólredi
It is already late
it is ólredi léit

ESPAÑOL
Ya es tarde.

8.
INGLÉS
It is very early.

PRONUNCIACIÓN
it is véri érli

It
it
It is
it is
It is very
it is véri
It is very early
it is véri érli

ESPAÑOL
Es muy temprano.

9.
INGLÉS
He is fine.

PRONUNCIACIÓN
ji is fáin

He
ji
He is
ji is
He is fine
ji is fáin

ESPAÑOL
El está bien.

10.
INGLÉS
Before I go, I eat.

PRONUNCIACIÓN
bifóar ái góu ái it

Before
bifóar
Before I
bifóar ái
Before I go
bifóar ái góu
Before I go, I
bifóar ái góu ái
Before I go, I eat
bifóar ái góu ái it

ESPAÑOL
Antes de ir, yo como.

11.
INGLÉS
It is time.

PRONUNCIACIÓN
it is táim

It
it
It is
it is
It is time
it is táim

ESPAÑOL
Ya es hora.

12.
INGLÉS
Why are you always here?

PRONUNCIACIÓN
uái ar iú ólueis jíar

Why
uái
Why are
uái ar
Why are you
uái ar iú
Why are you always
uái ar iú ólueis
Why are you always here?
uái ar iú ólueis jíar

ESPAÑOL
¿Por qué estás siempre aquí?

LESSON NINETEEN - PART THREE
LECCIÓN 19 - TERCERA PARTE

COMMON EXPRESSIONS
EXPRESIONES COMUNES
Lea en español la pronunciación del inglés

1.

INGLÉS
He is very near.

PRONUNCIACIÓN
ji is véri níar

He
ji
He is
ji is
He is very
ji is véri
He is very near
ji is véri níar

ESPAÑOL
El está muy cerca.

2.

INGLÉS
I live near your house.

PRONUNCIACIÓN
ái lív níar iúr jáus

I
ái
I live
ái lív
I live near
ái lív níar
I live near your
ái lív níar iúr
I live near your house
ái lív níar iúr jáus

ESPAÑOL
Yo vivo cerca de tu casa.

3.

INGLÉS
You are very far.

PRONUNCIACIÓN
iú ar véri far

You
iú
You are
iú ar
You are very
iú ar véri
You are very far
iú ar véri far

ESPAÑOL
Tú estás muy lejos.

4.

INGLÉS
The house is very far.

PRONUNCIACIÓN
de jáus is véri far

The
de
The house
de jáus
The house is
de jáus is
The house is very
de jáus is véri
The house is very far
de jáus is véri far

ESPAÑOL
La casa está muy lejos.

5.
INGLÉS
You are far from here.

PRONUNCIACIÓN
iú ar far from jíar

You
iú
You are
iú ar
You are far
iú ar far
You are far from
iú ar far from
You are far from here
iú ar far from jíar

ESPAÑOL
Estás lejos de aquí.

6.
INGLÉS
You live far from the house.

PRONUNCIACIÓN
iú lív far from de jáus

You
iú
You live
iú lív
You live far
iú lív far
You live far from
iú lív far from
You live far from the
iú lív far from de
You live far from the house
iú lív far from de jáus

ESPAÑOL
Tú vives lejos de la casa.

7.
INGLÉS
He is from Cuba.

PRONUNCIACIÓN
ji is from kiúba

He
ji
He is
ji is
He is from
ji is from
He is from Cuba
ji is from kiúba

ESPAÑOL
El es de Cuba.

8.
INGLÉS
You are from Miami.

PRONUNCIACIÓN
iú ar from maiámi

You
iú
You are
iú ar
You are from
iú ar from
You are from Miami
iú ar from maiámi

ESPAÑOL
Tú eres de Miami.

9.
INGLÉS
Doctor, I feel bad.

PRONUNCIACIÓN
dóktor ái fil bad

Doctor
dóktor
Doctor I
dóktor ái
Doctor I feel
dóktor ái fil
Doctor I feel bad
dóktor ái fil bad

ESPAÑOL
Doctor, me siento mal.

10.
INGLÉS
What is the matter with you?

PRONUNCIACIÓN
uát is de máter uíz iú

What
uát
What is
uát is
What is the
uát is de
What is the matter
uát is de máter
What is the matter with
uát is de máter uíz
What is the matter with you?
uát is de máter uíz iú

ESPAÑOL
¿Qué le pasa?

11.
INGLÉS
I have a headache.
PRONUNCIACIÓN
ái hav e jédeik
I
ái
I have
ái hav
I have a
ái hav e
I have a headache
ái hav e jédeik
ESPAÑOL
Tengo dolor de cabeza.

12.
INGLÉS
Do you have a fever?
PRONUNCIACIÓN
du iú jav e fíver
Do
du
Do you
du iú
Do you have
du iú jav
Do you have a
du iú jav e
Do you have a fever?
du iú jav e fíver
ESPAÑOL
¿Tiene fiebre?

13.
INGLÉS
I'm going to take your pulse.
PRONUNCIACIÓN
áim góing tu téik iúar pols
I'm
áim
I'm going
áim góing
I'm going to
áim góing tu
I'm going to take
áim góing tu téik
I'm going to take your
áim góing tu téik iúar
I'm going to take your pulse
áim góing tu téik iúar pols

ESPAÑOL
Voy a tomarle el pulso.

14.
INGLÉS
I have a pain here.
PRONUNCIACIÓN
ái jav e péin jíar
I
ái
I have
ái jav
I have a
ái jav e
I have a pain
ái jav e péin
I have a pain here
ái jav e péin jíar
ESPAÑOL
Tengo dolor aquí.

15.
INGLÉS
Let me see your tongue.
PRONUNCIACIÓN
let mi si iúr tong
Let
let
Let me
let mi
Let me see
let mi si
Let me see your
let mi si iúr
Let me see your tongue
let mi si iúr tong
ESPAÑOL
Déjeme ver su lengua.

16.

INGLÉS
What else do you feel?

PRONUNCIACIÓN
uát els du iú fil
What
uát
What else
uát els
What else do
uát els du
What else do you
uát els du iú
What else do you feel?
uát els du iú fil

ESPAÑOL
¿Qué más siente?

17.

INGLÉS
I also have a stomach pain.

PRONUNCIACIÓN
ái ólso jav e stómak péin
I
ái
I also
ái ólso
I also have
ái ólso jav
I also have a
ái ólso jav e
I also have a stomach
ái ólso jav e stómak
I also have a stomach pain
ái ólso jav e stómak péin

ESPAÑOL
También me duele el estómago.

18.

INGLÉS
Your problem is your stomach.

PRONUNCIACIÓN
iúr problem is iúar stómak
Your
iúr
Your problem
iúr problem
Your problem is
iúr problem is
Your problem is your
iúr problem is iúar
Your problem is your stomach
iúr problem is iúar stómak

ESPAÑOL
Su problema es el estómago.

19.

INGLÉS
The doctor gave me prescriptions.

PRONUNCIACIÓN
de dóktor guéiv mi preskripshións
The
de
The doctor
de dóktor
The doctor gave
de dóktor guéiv
The doctor gave me
de dóktor guéiv mi
The doctor gave me prescriptions
de dóktor guéiv mi preskripshións

ESPAÑOL
El doctor me dió las recetas.

20.

INGLÉS
I didn't go to the hospital.

PRONUNCIACIÓN
ái dídent góu tu di jóspital

I
ái
I didn't
ái dídent
I didn't go
ái dídent góu
I didn't go to
ái dídent góu tu
I didn't go to the
ái dídent góu tu di
I didn't go to the hospital
ái dídent góu tu di jóspital

ESPAÑOL
No fuí al hospital.

21.

INGLÉS
I didn't have chills.

PRONUNCIACIÓN
ái dídent jav chils

I
ái
I didn't
ái dídent
I didn't have
ái dídent jav
I didn't have chills
ái dídent jav chils

ESPAÑOL
No tenía escalofríos.

22.

INGLÉS
I took some medicine.

PRONUNCIACIÓN
ái tuk som médicin

I
ái
I took
ái tuk
I took some
ái tuk som
I took some medicine
ái tuk som médicin

ESPAÑOL
Tomé medicina.

23.

INGLÉS
I feel fine now.

PRONUNCIACIÓN
ái fil fáin náo

I
ái
I feel
ái fil
I feel fine
ái fil fáin
I feel fine now
ái fil fáin náo

ESPAÑOL
Me siento bien ahora.

LESSON 20 - LECCIÓN 20

VOCABULARY
VOCABULARIO

Lea en español la pronunciación del inglés

INGLÉS	PRONUNCIACIÓN	ESPAÑOL
1. Please	**plis**	Por favor
2. Give a ring	**guív e ring**	Llamar por teléfono
3. Learn	**lern**	Aprender
4. Get along	**guét alóng**	Llevarse con
5. Fall in love	**fol in lov**	Enamorarse
6. Heart	**jart**	Corazón
7. Here	**jíar**	Aquí
8. There	**déar**	Allá
9. Admit	**admít**	Admitir
10. Lie	**lái**	Mentir
11. Win	**uín**	Ganar

LESSON TWENTY - PART TWO
LECCIÓN 20 - SEGUNDA PARTE

SENTENCES – ORACIONES
Lea en español la pronunciación del inglés

1.

INGLÉS
Where are you working?

PRONUNCIACIÓN
uéar ar iú uérkin

Where
uéar
Where are
uéar ar
Where are you
uéar ar iú
Where are you working?
uéar ar iú uérkin

ESPAÑOL
¿Dónde estás trabajando?

2.

INGLÉS
I am working in Miami.

PRONUNCIACIÓN
ái am uérkin in maiámi

I
ái
I am
ái am
I am working
ái am uérkin
I am working in
ái am uérkin in
I am working in Miami
ái am uérkin in maiámi

ESPAÑOL
Estoy trabajando en Miami.

3.

INGLÉS
When are you writing?

PRONUNCIACIÓN
uén ar iú ráitin

When
uén
When are
uén ar
When are you
uén ar iú
When are you writing?
uén ar iú ráitin

ESPAÑOL
¿Cuándo estás escribiendo?

4.

INGLÉS
I am writing very much.

PRONUNCIACIÓN
ái am ráitin véri moch

I
ái
I am
ái am
I am writing
ái am ráitin
I am writing very
ái am ráitin véri
I am writing very much
ái am ráitin véri moch

ESPAÑOL
Yo estoy escribiendo mucho.

5.

INGLÉS
Why are you drinking?

PRONUNCIACIÓN
uái ar iú drínking

Why
uái
Why are
uái ar
Why are you
uái ar iú
Why are you drinking?
uái ar iú drínking

ESPAÑOL
¿Por qué estás bebiendo?

6.

INGLÉS
Because I am always drínking.

PRONUNCIACIÓN
bicóas ái am ólueis drínking

Because
bicóas
Because I
bicóas ái
Because I am
bicóas ái am
Because I am always
bicóas ái am ólueis
Because I am always drinking
bicóas ái am ólueis drínking

ESPAÑOL
Porque siempre estoy bebiendo.

7.

INGLÉS
She is winning.

PRONUNCIACIÓN
shi is uíning

She
shi
She is
shi is
She is winning
shi is uíning

ESPAÑOL
Ella está ganando.

8.

INGLÉS
We are betting.

PRONUNCIACIÓN
uí ar béting

We
uí
We are
uí ar
We are betting
uí ar béting

ESPAÑOL
Estamos apostando.

9.

INGLÉS
I am admitting it.

PRONUNCIACIÓN
ái am admíting it

I
ái
I am
ái am
I am admitting
ái am admíting
I am admitting it
ái am admíting it

ESPAÑOL
Yo lo estoy admitiendo.

10.

INGLÉS
He is lying.

PRONUNCIACIÓN
ji is láin

He
ji
He is
ji is
He is lying
ji is láin

ESPAÑOL
El está mintiendo.

EXPLICACIÓN PARA LA FORMA PROGRESIVA

La regla general: es que cuando un verbo va precedido del verbo **ESTAR (TO BE)** se le agrega **ING,** ejemplo #1-10. Corresponde en español al verbo **ESTAR** – no al verbo **SER**.

LESSON TWENTY - PART THREE
LECCIÓN 20 - TERCERA PARTE

COMMON EXPRESSIONS
EXPRESIONES COMUNES
Lea en español la pronunciación del inglés

1.

INGLÉS
There is a house.

PRONUNCIACIÓN
déar is e jáus

There
déar
There is
déar is
There is a
déar is e
There is a house
déar is e jáus

ESPAÑOL
Hay una casa.

2.

INGLÉS
There is a boy there.

PRONUNCIACIÓN
déar is e bói déar

There
déar
There is
déar is
There is a
déar is e
There is a boy
déar is e bói

There is a boy there
déar is e bói déar

ESPAÑOL
Hay un niño allí.

3.

INGLÉS
There are two houses.

PRONUNCIACIÓN
déar ar tú jáuses

There
déar
There are
déar ar
There are two
déar ar tú
There are two houses
déar ar tú jáuses

ESPAÑOL
Hay dos casas.

4.

INGLÉS
There are three men there.

PRONUNCIACIÓN
déar ar zríi men déar

There
déar

There are
déar ar
There are three
déar ar zríi
There are three men
déar ar zríi men
There are three men there
déar ar zríi men déar

ESPAÑOL
Hay tres hombres allá.

5.

INGLÉS
Please go with him.

PRONUNCIACIÓN
plis góu uíz jim

Please
plis
Please go
plis góu
Please go with
plis góu uíz
Please go with him
plis góu uíz jim

ESPAÑOL
Por favor ve con él.

6.

INGLÉS
Please give me the book.

PRONUNCIACIÓN
plis guív mi de buk

Please
plis
Please give
plis guív
Please give me
plis guív mi
Please give me the
plis guív mi de
Please give me the book
plis guív mi de buk

ESPAÑOL
Por favor dame el libro.

7.

INGLÉS
He learns by heart.

PRONUNCIACIÓN
ji lerns bái jart

He
ji
He learns
ji lerns
He learns by
ji lerns bái
He learns by heart
ji lerns bái jart

ESPAÑOL
El aprende de memoria.

8.

INGLÉS
I don't like to learn by heart.

PRONUNCIACIÓN
ái dóunt láik tu lern bái jart

I
ái
I don't
ái dóunt
I don't like
ái dóunt láik
I don't like to
ái dóunt láik tu
I don't like to learn
ái dóunt láik tu lern
I don't like to learn by
ái dóunt láik tu lern bái
I don't like to learn by heart
ái dóunt láik tu lern bái jart

ESPAÑOL
No me gusta aprender de memoria.

9.

INGLÉS
I don't get along with him.

PRONUNCIACIÓN
ái dóunt guét alóng uíz jim

I
ái
I don't
ái dóunt
I don't get
ái dóunt guét
I don't get along
ái dóunt guét alóng
I don't get along with
ái dóunt guét alóng uíz
I don't get along with him
ái dóunt guét alóng uíz jim

ESPAÑOL
No me llevo con él.

10.

INGLÉS
I get along with Mary.

PRONUNCIACIÓN
ái guét alóng uíz Méri

I
ái
I get
ái guét
I get along
ái guét alóng
I get along with
ái guét alóng uíz
I get along with Mary
ái guét alóng uíz Méri

ESPAÑOL
Me llevo con Mary.

11.

INGLÉS
Give me a ring.

PRONUNCIACIÓN
guív mi e ring

Give
guív
Give me
guív mi
Give me a
guív mi e
Give me a ring
guív mi e ring

ESPAÑOL
Llámame por teléfono.

12.

INGLÉS
I have to think it over.

PRONUNCIACIÓN
ái jav tu zink it óver

I
ái
I have
ái jav
I have to
ái jav tu
I have to think
ái jav tu zink
I have to think it
ái jav tu zink it
I have to think it over
ái jav tu zink it óver

ESPAÑOL
Tengo que pensarlo detenidamente.

13.

INGLÉS
I'll think it over.

PRONUNCIACIÓN
áil zink it óver

I'll
áil
I'll think
áil zink
I'll think it
áil zink it
I'll think it over
áil zink it óver

ESPAÑOL
Lo pensaré.

14.

INGLÉS
He always falls in love.

PRONUNCIACIÓN
ji ólueis fols in lov

He
ji
He always
ji ólueis
He always falls
ji ólueis fols
He always falls in
ji ólueis fols in
He always falls in love
ji ólueis fols in lov

ESPAÑOL
El siempre se enamora.

STUDENT NOTES / NOTAS DEL ESTUDIANTE
_____
_____
_____
_____
_____
_____
_____
_____
_____
_____
_____
_____

LESSON 21 - LECCIÓN 21

VOCABULARY
VOCABULARIO

Lea en español la pronunciación del inglés

INGLÉS	PRONUNCIACIÓN	ESPAÑOL
1. Love	**lov**	Amar
2. Love	**lov**	Encantar
3. Travel	**trávol**	Viajar
4. Plane	**pléin**	Avión
5. Train	**tréin**	Tren
6. By train	**bái tréin**	Por tren
7. By plane	**bái pléin**	Por avión
8. Buy	**bái**	Comprar
9. Sell	**sel**	Vender
10. Listen	**lísen**	Escuchar
11. Absent	**ábsent**	Ausente
12. Present	**présent**	Presente

LESSON TWENTY ONE - PART TWO
LECCIÓN 21 - SEGUNDA PARTE

SENTENCES – ORACIONES
Lea en español la pronunciación del inglés

1.

INGLÉS
I love to drink.

PRONUNCIACIÓN
ái lov tu drink

I
ái
I love
ái lov
I love to
ái lov tu
I love to drink
ái lov tu drink

ESPAÑOL
Me encanta beber.

2.

INGLÉS
They want to go.

PRONUNCIACIÓN
déi uánt tu góu

They
déi
They want
déi uánt
They want to
déi uánt tu
They want to go
déi uánt tu góu

ESPAÑOL
Ellos quieren ir.

3.

INGLÉS
I wish to see her.

PRONUNCIACIÓN
ái uísh tu si jér

I
ái
I wish
ái uísh
I wish to
ái uísh tu
I wish to see
ái uísh tu si
I wish to see her
ái uísh tu si jér

ESPAÑOL
Deseo verla.

4.

INGLÉS
I like to drink.

PRONUNCIACIÓN
ái láik tu drink

I
ái
I like
ái láik
I like to
ái láik tu
I like to drink
ái láik tu drink

ESPAÑOL
Me gusta beber.

5.

INGLÉS
Do you want to eat?

PRONUNCIACIÓN
du iú uánt tu it

Do
du
Do you
du iú
Do you want
du iú uánt
Do you want to
du iú uánt tu
Do you want to eat?
du iú uánt tu it

ESPAÑOL
¿Quieres comer?

6.

INGLÉS
The boy doesn't like to read.

PRONUNCIACIÓN
de bói dósent láik tu rid

The
de
The boy
de bói
The boy doesn't
de bói dósent
The boy doesn't like
de bói dósent láik
The boy doesn't like to
de bói dósent láik tu
The boy doesn't like to read
de bói dósent láik tu rid

ESPAÑOL
Al niño no le gusta leer.

7.

INGLÉS
She likes to love.

PRONUNCIACIÓN
shi láiks tu lov

She
shi
She likes
shi láiks
She likes to
shi láiks tu
She likes to love
shi láiks tu lov

ESPAÑOL
A ella le gusta amar.

8.

INGLÉS
I don't like to work.

PRONUNCIACIÓN
ái dóunt láik tu uérk

I
ái
I don't
ái dóunt
I don't like
ái dóunt láik
I don't like to
ái dóunt láik tu
I don't like to work
ái dóunt láik tu uérk

ESPAÑOL
No me gusta trabajar.

9.

INGLÉS
We see Mary play with him.

PRONUNCIACIÓN
uí si Méri pléi uíz jim

We
uí
We see
uí si
We see Mary
uí si Méri
We see Mary play
uí si Méri pléi
We see Mary play with
uí si Méri pléi uíz
We see Mary play with him
uí si Méri pléi uíz jim

ESPAÑOL
Vemos a Mary jugar con él.

10.

INGLÉS
You make me love you.

PRONUNCIACIÓN
iú méik mi lov iú

You
iú
You make
iú méik
You make me
iú méik mi
You make me love
iú méik mi lov
You make me love you
iú méik mi lov iú

ESPAÑOL
Me haces amarte.

**EXPLANATION
EXPLICACIÓN**

Cuando se exprese una acción después de un verbo, es decir, cuando un verbo sigue a otro verbo (que no sea **SER** o **ESTAR** o **AUXILIARES**), el segundo va en infinitivo y el que da el tiempo es el primero.
EJEMPLOS: #1 AL 8.
No se usa **"TO"** cuando se expresa la acción después de los verbos **MAKE, HEAR, SEE, WATCH, FEEL.**
EJEMPLOS: #9-10

LESSON TWENTY ONE - PART THREE
LECCIÓN 21 - TERCERA PARTE

COMMON EXPRESSIONS
EXPRESIONES COMUNES
Lea en español la pronunciación del inglés

1.

INGLÉS
I love Mary.

PRONUNCIACIÓN
ái lov Méri

/
ái
I love
ái lov
I love Mary
ái lov Méri

ESPAÑOL
Yo amo a Mary.

2.

INGLÉS
I love my mother.

PRONUNCIACIÓN
ái lov mái móder

/
ái
I love
ái lov
I love my
ái lov mái
I love my mother
ái lov mái móder

ESPAÑOL
Yo amo a mi madre.

3.

INGLÉS
I love the house.

PRONUNCIACIÓN
ái lov de jáus

/
ái
I love
ái lov
I love the
ái lov de
I love the house
ái lov de jáus

ESPAÑOL
Me encanta la casa.

4.

INGLÉS
I love to eat.

PRONUNCIACIÓN
ái lov tu it

/
ái
I love
ái lov
I love to
ái lov tu

I love to eat
ái lov tu it

ESPAÑOL
Me encanta comer.

5.

INGLÉS
I travel by plane.

PRONUNCIACIÓN
ái trávol bái pléin

/
ái
I travel
ái trávol
I travel by
ái trávol bái
I travel by plane
ái trávol bái pléin

ESPAÑOL
Yo viajo por avión.

6.

INGLÉS
I go by train.

PRONUNCIACIÓN
ái góu bái tréin

/

ái
I go
ái góu
I go by
ái góu bái
I go by train
ái góu bái tréin

ESPAÑOL
Yo voy en tren.

7.

INGLÉS
I like to go.

PRONUNCIACIÓN
ái láik tu góu

/

ái
I like
ái láik
I like to
ái láik tu
I like to go
ái láik tu góu

ESPAÑOL
Me gusta ir.

8.

INGLÉS
I like that.

PRONUNCIACIÓN
ái láik dat

/

ái
I like
ái láik
I like that
ái láik dat

ESPAÑOL
Me gusta eso.

9.

INGLÉS
I prefer the apple.

PRONUNCIACIÓN
ái prifér de ápol

/

ái
I prefer
ái prifér
I prefer the
ái prifér de
I prefer the apple
ái prifér de ápol

ESPAÑOL
Yo prefiero la manzana.

10.

INGLÉS
I prefer to go.

PRONUNCIACIÓN
ái prifér tu góu

/

ái
I prefer
ái prifér
I prefer to
ái prifér tu
I prefer to go
ái prifér tu góu

ESPAÑOL
Yo prefiero ir.

11.

INGLÉS
I am waiting for you.

PRONUNCIACIÓN
ái am uéiting for iú

/

ái
I am
ái am
I am waiting
ái am uéiting
I am waiting for
ái am uéiting for
I am waiting for you
ái am uéiting for iú

ESPAÑOL
Le estoy esperando.

12.

INGLÉS
I want to buy.

PRONUNCIACIÓN
ái uánt tu bái

I
ái
I want
ái uánt
I want to
ái uánt tu
I want to buy
ái uánt tu bái

ESPAÑOL
Quiero comprar.

13.

INGLÉS
I want to sell.

PRONUNCIACIÓN
ái uánt tu sel

I
ái
I want
ái uánt
I want to
ái uánt tu
I want to sell
ái uánt tu sel

ESPAÑOL
Quiero vender.

14.

INGLÉS
Listen to me.

PRONUNCIACIÓN
lísen tu mi

Listen
lísen
Listen to
lísen tu
Listen to me
lísen tu mi

ESPAÑOL
Escúchame.

15.

INGLÉS
Tom is absent.

PRONUNCIACIÓN
Tám is ábsent

Tom
Tám
Tom is
Tám is
Tom is absent
Tám is ábsent

ESPAÑOL
Tom está ausente.

16.

INGLÉS
Mary is present.

PRONUNCIACIÓN
Méri is présent

Mary
Méri
Mary is
Méri is
Mary is present
Méri is présent

ESPAÑOL
Mary está presente.

LESSON 22 - LECCIÓN 22

VOCABULARY – VOCABULARIO

Lea en español la pronunciación del inglés

INGLÉS	PRONUNCIACIÓN	ESPAÑOL
1. My	**mái**	Mi, mis
2. Mine	**máin**	Mío, mía, míos, mías
3. Your	**iúar**	Su, sus, tu, tus (de tí, de usted, de ustedes)
4. Yours	**iúars**	Suyo, suya, suyos, suyas, tuyos, tuyas (de usted, de ustedes, de tí)
5. His	**jis**	Su sus, suyo, suyos (de él)
6. Her	**jér**	Su, sus (de ella)
7. Hers	**jérs**	Suyos, suyas (de ellas)
8. Our	**áuar**	Nuestro, nuestra, nuestros, nuestras
9. Ours	**áuars**	Nuestro, nuestra, nuestros, nuestras
10. Their	**déir**	Su, sus (de ellos, ellas)
11. Theirs	**déirs**	Suyo, suya, suyos, suyas (de ellos, ellas)

LESSON TWENTY TWO - PART TWO
LECCIÓN 22 - SEGUNDA PARTE

SENTENCES – ORACIONES
Lea en español la pronunciación del inglés

1.
INGLÉS
This is my house.
PRONUNCIACIÓN
dis is mái jáus

> *This*
> dis
> *This is*
> dis is
> *This is my*
> dis is mái
> *This is my house*
> dis is mái jáus

ESPAÑOL
Esta es mi casa.

2.
INGLÉS
This house is mine.
PRONUNCIACIÓN
dis jáus is máin

> *This*
> dis
> *This house*
> dis jáus
> *This house is*
> dis jáus is
> *This house is mine*
> dis jáus is máin

ESPAÑOL
Esta casa es mía.

3.
INGLÉS
This is your house.
PRONUNCIACIÓN
dis is iúar jáus

> *This*
> dis
> *This is*
> dis is
> *This is your*
> dis is iúar
> *This is your house*
> dis is iúar jáus

ESPAÑOL
Esta es tu casa.

4.
INGLÉS
This house is yours.
PRONUNCIACIÓN
dis jáus is iúars

> *This*
> dis
> *This house*
> dis jáus
> *This house is*
> dis jáus is
> *This house is yours*
> dis jáus is iúars

ESPAÑOL
Esta casa es tuya.

5.
INGLÉS
This is his house.
PRONUNCIACIÓN
dis is jis jáus

> *This*
> dis
> *This is*
> dis is
> *This is his*
> dis is jis
> *This is his house*
> dis is jis jáus

ESPAÑOL
Esta es su casa. (de él)

6.
INGLÉS
This house is his.
PRONUNCIACIÓN
dis jáus is jis

> *This*
> dis
> *This house*
> dis jáus
> *This house is*
> dis jáus is
> *This house is his*
> dis jáus is jis

ESPAÑOL
Esta casa es de él.

7.

INGLÉS
This is her car.

PRONUNCIACIÓN
dis is jér kar

This
dis
This is
dis is
This is her
dis is jér
This is her car
dis is jér kar

ESPAÑOL
Este es su automóvil.
(de ella)

8.

INGLÉS
This car is hers.

PRONUNCIACIÓN
dis kar is jérs

This
dis
This car
dis kar
This car is
dis kar is
This car is hers
dis kar is jérs

ESPAÑOL
Este automóvil es de ella.

9.

INGLÉS
This is our book.

PRONUNCIACIÓN
dis is áuar buk

This
dis
This is
dis is
This is our
dis is áuar
This is our book
dis is áuar buk

ESPAÑOL
Este es nuestro libro.

10.

INGLÉS
This book is ours.

PRONUNCIACIÓN
dis buk is áuars

This
dis
This book
dis buk
This book is
dis buk is
This book is ours
dis buk is áuars

ESPAÑOL
Este libro es nuestro.

11.

INGLÉS
These are their friends.

PRONUNCIACIÓN
díis ar déir frends

These
díis
These are
díis ar
These are their
díis ar déir
These are their friends
díis ar déir frends

ESPAÑOL
Estos son sus amigos.
(de ellos)

12.

INGLÉS
This house is theirs.

PRONUNCIACIÓN
dis jáus is déirs

This
dis
This house
dis jáus
This house is
dis jáus is
This house is theirs
dis jáus is déirs

ESPAÑOL
Esta casa es de ellos.

LESSON TWENTY TWO - PART THREE
LECCIÓN 22 - TERCERA PARTE

COMMON EXPRESSIONS - EXPRESIONES COMUNES

Lea en español la pronunciación del inglés

1.

INGLÉS
The student is absent.

PRONUNCIACIÓN
de stúdent is ábsent.

The
de
The student
de stúdent
The student is
de stúdent is
The student is absent
de stúdent is ábsent

ESPAÑOL
El estudiante está ausente

2.

INGLÉS
The teacher is present.

PRONUNCIACIÓN
de tícher is présent

The
de
The teacher
de tícher
The teacher is
de tícher is
The teacher is present
de tícher is présent

ESPAÑOL
La maestra está presente.

3.

INGLÉS
How do you see?

PRONUNCIACIÓN
jáu du iú si

How
jáu
How do
jáu du
How do you
jáu du iú
How do you see?
jáu du iú si

ESPAÑOL
¿Cómo ves?

4.

INGLÉS
I see with my eyes.

PRONUNCIACIÓN
ái si uíz mái áis

I
ái
I see
ái si
I see with
ái si uíz
I see with my
ái si uíz mái
I see with my eyes
ái si uíz mái áis

ESPAÑOL
Yo veo con mis ojos.

5.

INGLÉS
How do you hear?

PRONUNCIACIÓN
jáu du iú jíar

How
jáu
How do
jáu du
How do you
jáu du iú
How do you hear?
jáu du iú jíar

ESPAÑOL
¿Cómo oyes?

6.
INGLÉS
I hear with my ears.

PRONUNCIACIÓN
ái jíar uíz mái íars

I
ái
I hear
ái jíar
I hear with
ái jíar uíz
I hear with my
ái jíar uíz mái
I hear with my ears
ái jíar uíz mái íars

ESPAÑOL
Yo oigo con mis oídos.

7.
INGLÉS
How do you taste it?

PRONUNCIACIÓN
jáu du iú téist it

How
jáu
How do
jáu du
How do you
jáu du iú
How do you taste
jáu du iú téist
How do you taste it?
jáu du iú téist it

ESPAÑOL
¿Cómo lo pruebas?

8.
INGLÉS
I taste it with my tongue.

PRONUNCIACIÓN
ái téist it uíz mái tong

I
ái
I taste
ái téist
I taste it
ái téist it
I taste it with
ái téist it uíz
I taste it with my
ái téist it uíz mái
I taste it with my tongue
ái téist it uíz mái tong

ESPAÑOL
Lo pruebo con mi lengua.

9.
INGLÉS
How do you touch it?

PRONUNCIACIÓN
jáu du iú toch it

How
jáu
How do
jáu du
How do you
jáu du iú
How do you touch
jáu du iú toch
How do you touch it?
jáu du iú toch it

ESPAÑOL
¿Cómo lo tocas?

10.
INGLÉS
I touch it with my hand.

PRONUNCIACIÓN
ái toch it uíz mái jand

I
ái
I touch
ái toch
I touch it
ái toch it
I touch it with
ái toch it uíz
I touch it with my
ái toch it uíz mái
I touch it with my hand
ái toch it uíz mái jand

ESPAÑOL
Lo toco con mi mano.

11.

INGLÉS
How do you smell?

PRONUNCIACIÓN
jáu du iú smell?

How
jáu
How do
jáu du
How do you
jáu du iú
How do you smell?
jáu du iú smell

ESPAÑOL
¿Cómo hueles?

12.

INGLÉS
I smell with my nose.

PRONUNCIACIÓN
ái smel uíz mái nóus

I
ái
I smell
ái smel
I smell with
ái smel uíz
I smell with my
ái smel uíz mái
I smell with my nose
ái smel uíz mái nóus

ESPAÑOL
Huelo con mi nariz.

13.

INGLÉS
I have two eyes.

PRONUNCIACIÓN
ái jav tú áis

I
ái
I have
ái jav
I have two
ái jav tú
I have two eyes
ái jav tú áis

ESPAÑOL
Tengo dos ojos.

14.

INGLÉS
I have two ears.

PRONUNCIACIÓN
ái jav tú íars

I
ái
I have
ái jav
I have two
ái jav tú
I have two ears
ái jav tú íars

ESPAÑOL
Tengo dos orejas.

15.

INGLÉS
I have a tongue.

PRONUNCIACIÓN
ái jav e tong

I
ái
I have
ái jav
I have a
ái jav e
I have a tongue
ái jav e tong

ESPAÑOL
Tengo una lengua.

16.

INGLÉS
I have two hands.

PRONUNCIACIÓN
ái jav tú jánds

I
ái
I have
ái jav
I have two
ái jav tú
I have two hands
ái jav tú jánds

ESPAÑOL
Tengo dos manos.

17.

INGLÉS
I have a nose.

PRONUNCIACIÓN
ái jav e nóus

I
ái
I have
ái jav
I have a
ái jav e
I have a nose
ái jav e nóus

ESPAÑOL
Tengo una nariz.

18.

INGLÉS
I have five senses.

PRONUNCIACIÓN
ái jav fáiv sénses

I
ái
I have
ái jav
I have five
ái jav fáiv
I have five senses
ái jav fáiv sénses

ESPAÑOL
Tengo cinco sentidos.

STUDENT NOTES / NOTAS DEL ESTUDIANTE

LESSON TWENTY TWO - PART FOUR
LECCIÓN 22 - CUARTA PARTE

CONVERSATION – CONVERSACIÓN
IN THE HOUSE – EN LA CASA

Lea en español la pronunciación del inglés

	INGLÉS	PRONUNCIACIÓN	ESPAÑOL
1. **Mary:**	Tom, I love your house.	Tám ái lov iúar jáus	Tom, me encanta tu casa.
2. **Tom:**	I'm glad you like it.	áim glad iú láik it	Me alegra que te guste.
3. **Tom:**	Do you want to see it all?	du iú uánt tu si it ol	¿Quieres verla toda?
4. **Mary:**	I certainly would.	ái cértenli uúd	Desde luego, me gustaría.
5. **Tom:**	First, this is the kitchen.	ferst dis is de kítchen	Primero, ésta es la cocina
6. **Mary:**	It's really beautiful.	its ríli biútiful	Es realmente bella.
7. **Tom:**	This is the living room.	dis is de líving rum	Esta es la sala.
8. **Mary:**	I like everything in this house.	ái láik évrizin in dis jáus	Me gusta todo en esta casa.
9. **Tom:**	Mary, this is my bedroom.	Méri dis is mái bed rum	Mary, éste es mi dormitorio.

INGLÉS		PRONUNCIACIÓN	ESPAÑOL
10.	**Mary:** I wish I had one like this	**ái uísh ái jad uán láik dis**	Ojalá tuviese uno como éste.
11.	**Tom:** That's all for today.	**dats ol for tudéi**	Eso es todo por hoy.
12.	**Mary:** Thanks for showing me the house	**zanks for shóuing mi de jáus**	Gracias por enseñarme la casa.
13.	**Tom:** On Sunday I'll show you more.	**on sóndei áil shóu iú móar**	El domingo te enseñaré más.
14.	**Mary:** I'll see you on Sunday.	**áil si iú on sóndei**	Te veré el domingo.

Lea en español la pronunciación del inglés.
(Refiérase al diálogo que acaba de leer)

1. Mary:
INGLÉS
Tom, I love your house.

PRONUNCIACIÓN
Tám ái lov iúar jáus

Tom
Tám
Tom, I
Tám ái
Tom, I love
Tám ái lov
Tom, I love your
Tám ái lov iúar
Tom, I love your house
Tám ái lov iúar jáus

ESPAÑOL
Tom, me encanta tu casa.

2. Tom:
INGLÉS
I'm glad you like it.

PRONUNCIACIÓN
áim glad iú láik it

I'm
áim
I'm glad
áim glad
I'm glad you
áim glad iú
I'm glad you like
áim glad iú láik
I'm glad you like it
áim glad iú láik it

ESPAÑOL
Me alegra que te guste.

3. Tom:
INGLÉS
Do you want to see it all?

PRONUNCIACIÓN
du iú uánt tu si it ol

Do
du
Do you
du iú
Do you want
du iú uánt
Do you want to
du iú uánt tu
Do you want to see
du iú uánt tu si
Do you want to see it
du iú uánt tu si it
Do you want to see it all?
du iú uánt tu si it ol

ESPAÑOL
¿Quieres verla toda?

4. Mary:
INGLÉS
I certainly would.

PRONUNCIACIÓN
ái cértenli uúd

I
ái
I certainly
ái cértenli
I certainly would
ái cértenli uúd

ESPAÑOL
Desde luego, me gustaría.

5. Tom:
INGLÉS
First, this is the kitchen.

PRONUNCIACIÓN
ferst dis is de kítchen

First
ferst
First, this
ferst dis
First, this is
ferst dis is
First, this is the
ferst dis is de
First, this is the kitchen
ferst dis is de kítchen

ESPAÑOL
Primero, ésta es la cocina.

6. Mary:
INGLÉS
It's really beautiful.
PRONUNCIACIÓN
its ríli biútiful

It's
its
It's really
its ríli
It's really beautiful
its ríli biútiful

ESPAÑOL
Es realmente bella.

7. Tom:
INGLÉS
This is the living room.
PRONUNCIACIÓN
dis is de living rum

This
dis
This is
dis is
This is the
dis is de
This is the living
dis is de living
This is the living room
dis is de living rum

ESPAÑOL
Esta es la sala.

8. Mary:
INGLÉS
I like everything in this house.
PRONUNCIACIÓN
ái láik évrizing in dis jáus

I
ái
I like
ái láik
I like everything
ái láik évrizing
I like everything in
ái láik évrizing in
I like everything in this
ái láik évrizing in dis
I like everything in this house
ái láik évrizing in dis jáus

ESPAÑOL
Me gusta todo en esta casa.

9. Tom:
INGLÉS
Mary, this is my bedroom.
PRONUNCIACIÓN
Méri dis is mái bed rum

Mary
Méri
Mary, this
Méri dis
Mary, this is
Méri dis is
Mary, this is my
Méri dis is mái
Mary, this is my bedroom
Méri dis is mái bed rum

ESPAÑOL
Mary, éste es mi dormitorio.

10. Mary:
INGLÉS
I wish I had one like this.
PRONUNCIACIÓN
ái uísh ái jad uán láik dis

I
ái
I wish
ái uísh
I wish I
ái uísh ái
I wish I had
ái uísh ái jad
I wish I had one
ái uísh ái jad uán
I wish I had one like
ái uísh ái jad uán láik
I wish I had one like this
ái uísh ái jad uán láik dis

ESPAÑOL
Ojalá tuviese uno como éste.

11. Tom:

INGLÉS
That's all for today.

PRONUNCIACIÓN
dats ol for tudéi

That's
dats
That's all
dats ol
That's all for
dats ol for
That's all for today
dats ol for tudéi

ESPAÑOL
Eso es todo por hoy.

12. Mary:

INGLÉS
Thanks for showing me the house.

PRONUNCIACIÓN
zanks for shóuing mi de jáus

Thanks
zanks
Thanks for
zanks for
Thanks for showing
zanks for shóuing
Thanks for showing me
zanks for shóuing mi
Thanks for showing me the
zanks for shóuing mi de
Thanks for showing me the house
zanks for shóuing mi de jáus

ESPAÑOL
Gracias por enseñarme la casa.

13. Tom:

INGLÉS
On Sunday I'll show you more.

PRONUNCIACIÓN
on sóndei áil shóu iú móar

On
on
On Sunday
on sóndei
On Sunday I'll
on sóndei áil
On Sunday I'll show
on sóndei áil shóu
On Sunday I'll show you
on sóndei áil shóu iú
On Sunday I'll show you more
on sóndei áil shóu iú móar

ESPAÑOL
El domingo te enseñaré más.

14. Mary:

INGLÉS
I'll see you on Sunday.

PRONUNCIACIÓN
áil si iú on sóndei

I'll
áil
I'll see
áil si
I'll see you
áil si iú
I'll see you on
áil si iú on
I'll see you on Sunday
áil si iú on sóndei

ESPAÑOL
Te veré el domingo.

LESSON 23 - LECCIÓN 23

REVIEW – REPASO

Lea en español la pronunciación del inglés

| INGLÉS | PRONUNCIACIÓN | ESPAÑOL |

1. My son is always working and he wants to go.
mái son is ólueis uérkin and ji uánts tu góu
Mi hijo está siempre trabajando y quiere ir.

2. That house is mine and the other one is yours.
dat jáus is máin and de óder uán is iúars
Esta casa es mía y la otra es tuya.

3. Our daughter is betting so she can buy a car.
áuar dóter is béting so shi kan bái e kar
Nuestra hija está apostando para poder comprar un auto.

4. I never work in my house at night.
ái néver uérk in mái jáus at náit
Yo nunca trabajo en mi casa en la noche.

5. When I am working I like to rest.
uén ái am uérking ái láik tu rest
Cuando estoy trabajando me gusta descansar.

6. This is their house and that one is ours.
dis is déir jáus and dat uán is áuars
Esta es la casa de ellos y aquella es nuestra.

7. I love to go to the beach with Mary on Sundays.
ái lov tu góu tu de bich uíz Méri on sóndeis
Me encanta ir con Mary a la playa los domingos.

| INGLÉS | PRONUNCIACIÓN | ESPAÑOL |

8. They like sleep and we like to work.
déi láik tu slip and uí láik tu uérk
A ellos les gusta dormir y a nosotros nos gusta trabajar.

9. He is very near and you are very far.
ji is véri níar and iú ar véri far
El está muy cerca y tú muy lejos.

10. I am from Cuba, Mary from Spain and you from Miami.
ái am from kiúba Méri from spéin and iú from maiámi
Yo soy de Cuba, Mary de España y tú de Miami.

11. Please tell Mary that I love her very much.
plis tel Méri dat ái lov jér véri moch
Por favor, dile a Mary que la amo mucho.

12. I love the house but I want to sell it.
ái lov de jáus bot ái uánt tu sel it
Me encanta la casa pero la quiero vender.

13. I like to go to Europe by plane.
ái láik tu góu tu iúrop bái pléin
Me gusta ir a Europa por avión.

14. Tom is absent and I am waiting for him.
Tám is ábsent and ái am uéitin for jim
Tom está ausente y lo estoy esperando.

15. Listen to me, I want to be present.
lísen tu mi ái uánt tu bi présent
Escúcheme, quiero estar presente.

LESSON TWENTY THREE - PART TWO
LECCIÓN 23 - SEGUNDA PARTE

EXERCISES - EJERCICIOS

Translate to english version - Traduzca al inglés:

1. Mi amigo está ganando. _____
2. Ellos están trabajando. _____
3. Su (de él) perro está comiendo. _____
4. Ese auto es de ellos. _____
5. La casa es de ella. _____
6. El libro es mío. _____
7. Yo estoy trabajando. _____
8. Ellos quieren ir. _____
9. ¿Te gusta comer? _____
10. No les gusta trabajar. _____

ANSWERS - RESPUESTAS

1. My friend is wining.
2. They are working.
3. His dog is eating.
4. That car is theirs.
5. The house is hers.
6. The book is mine.
7. I am working.
8. They want to go.
9. Do you like to eat?
10. They don't like to work.

LESSON 24 - LECCIÓN 24

VOCABULARY – VOCABULARIO

Lea en español la pronunciación del inglés

	INGLÉS	PRONUNCIACIÓN	ESPAÑOL
1.	With me	**uíz mi**	Conmigo
2.	With you	**uíz iú**	Contigo
3.	With him	**uíz jím**	Con él
4.	With her	**uíz jér**	Con ella
5.	With it	**uíz it**	Con ello
6.	With us	**uíz os**	Con nosotros-as
7.	With them	**uíz dem**	Con ellos-as
8.	For me	**for mi**	Para mí
9.	For you	**for iú**	Para tí; para ustedes; para usted
10.	For him	**for jím**	Para él
11.	For her	**for jér**	Para ella
12.	For it	**for it**	Para ello
13.	For us	**for os**	Para nosotros-as
14.	For them	**for dem**	Para ellos-as
15.	Tell me	**tel mi**	Dime
16.	I tell you	**ái tel iú**	Te digo
17.	I see him	**ái si jím**	Lo veo
18.	I hear her	**ái jíar jér**	La oigo
19.	I do it	**ái du it**	Lo hago
20.	You see us	**iú si os**	Nos ves
21.	I see them	**ái si dem**	Los veo

LESSON TWENTY FOUR - PART TWO
LECCIÓN 24 - SEGUNDA PARTE

SENTENCES – ORACIONES
Lea en español la pronunciación del inglés

1.
INGLÉS
I go with you today.
PRONUNCIACIÓN
ái góu uíz iú tudéi

> I
> ái
> I go
> ái góu
> I go with
> ái góu uíz
> I go with you
> ái góu uíz iú
> I go with you today
> ái góu uíz iú tudéi

ESPAÑOL
Voy contigo hoy.

2.
INGLÉS
That is for me.
PRONUNCIACIÓN
dat is for mi

> That
> dat
> That is
> dat is
> That is for
> dat is for
> That is for me
> dat is for mi

ESPAÑOL
Eso es para mí.

3.
INGLÉS
I see you today.
PRONUNCIACIÓN
ái si iú tudéi

> I
> ái
> I see
> ái si
> I see you
> ái si iú
> I see you today
> ái si iú tudéi

ESPAÑOL
Yo te veo hoy.

4.
INGLÉS
She goes with him.
PRONUNCIACIÓN
shi góus uíz jim

> She
> shi
> She goes
> shi góus
> She goes with
> shi góus uíz
> She goes with him
> shi góus uíz jim

ESPAÑOL
Ella va con él.

5.
INGLÉS
I always see her.
PRONUNCIACIÓN
ái ólueis si jér

> I
> ái
> I always
> ái ólueis
> I always see
> ái ólueis si
> I always see her
> ái ólueis si jér

ESPAÑOL
Yo siempre la veo.
"

6.
INGLÉS
You are with them.
PRONUNCIACIÓN
iú ar uíz dem

> You
> iú
> You are
> iú ar
> You are with
> iú ar uíz
> You are with them
> iú ar uíz dem

ESPAÑOL
Tu estás con ellos.

7.
INGLÉS
You play with us.

PRONUNCIACIÓN
iú pléi uíz os

You
iú
You play
iú pléi
You play with
iú pléi uíz
You play with us
iú pléi uíz os

ESPAÑOL
Tu juegas con nosotros.

8.
INGLÉS
This is for him.

PRONUNCIACIÓN
dis is for jím

This
dis
This is
dis is
This is for
dis is for
This is for him
dis is for jím

ESPAÑOL
Esto es para él.

9.
INGLÉS
The book is for them.

PRONUNCIACIÓN
de buk is for dem

The
de
The book
de buk
The book is
de buk is
The book is for
de buk is for
The book is for them
de buk is for dem

ESPAÑOL
El libro es para ellos.

10.
INGLÉS
Tell me the time.

PRONUNCIACIÓN
tel mi de táim

Tell
tel
Tell me
tel mi
Tell me the
tel mi de
Tell me the time
tel mi de táim

ESPAÑOL
Dime la hora.

11.
INGLÉS
I buy it for us.

PRONUNCIACIÓN
ái bái it for os

I
ái
I buy
ái bái
I buy it
ái bái it
I buy it for
ái bái it for
I buy it for us
ái bái it for os

ESPAÑOL
Lo compro para nosotros.

12.
INGLÉS
They are with him.

PRONUNCIACIÓN
déi ar uíz jím

They
déi
They are
déi ar
They are with
déi ar uíz
They are with him
déi ar uíz jím

ESPAÑOL
Ellos están con él.

NOTES – OBSERVACIONES

Observe que estas formas se usan con los verbos y las preposiciones.

LESSON TWENTY FOUR - PART THREE
LECCIÓN 24 - TERCERA PARTE

COMMON EXPRESSIONS - EXPRESIONES COMUNES

Lea en español la pronunciación del inglés

1.

INGLÉS
I have two hands and five fingers on each one.
PRONUNCIACIÓN
ái jav tú jands and fáiv fínguers on ich uán.

I
ái
I have
ái jav
I have two
ái jav tú
I have two hands
ái jav tú jands
I have two hands and
ái jav tú jands and
I have two hands and five
ái jav tú jands and fáiv
I have two hands and five fingers
ái jav tú jands and fáiv fínguers
I have two hands and five fingers on
ái jav tú jands and fáiv fínguers on
I have two hands and five fingers on each
ái jav tú jands and fáiv fínguers on ich
I have two hands and five fingers on each one
ái jav tú jands and fáiv fínguers on ich uán

ESPAÑOL
Tengo dos manos y cinco dedos en cada una.

2.

INGLÉS
The small finger.
PRONUNCIACIÓN
de smól fínguer

The
de
The small
de smól
The small finger
de smól fínguer

ESPAÑOL
El dedo meñique

3.

INGLÉS
The ring finger.
PRONUNCIACIÓN
de ring fínguer

The
de
The ring
de ring
The ring finger
de ring fínguer

ESPAÑOL
El dedo anular.

4.

INGLÉS
The middle finger.

PRONUNCIACIÓN
de mídol fínguer

The
de
The middle
de mídol
The middle finger
de mídol fínguer

ESPAÑOL
El cordial

5.

INGLÉS
The index finger.

PRONUNCIACIÓN
de índex fínguer

The
de
The index
de índex
The index finger
de índex fínguer

ESPAÑOL
El índice.

6.

INGLÉS
The thumb.

PRONUNCIACIÓN
de zomb

The
de
The thumb
de zomb

ESPAÑOL
El pulgar.

7.

INGLÉS
I also have fingernails.

PRONUNCIACIÓN
ái ólso jav fínguernéils

I
ái
I also
ái ólso
I also have
ái ólso jav
I also have fingernails
ái ólso jav fínguernéils

ESPAÑOL
También tengo uñas.

8.

INGLÉS
I have wrists.

PRONUNCIACIÓN
ái jav rists

I
ái
I have
ái jav
I have wrists
ái jav rists

ESPAÑOL
Tengo muñecas.

9.

INGLÉS
I have two feet with toes.

PRONUNCIACIÓN
ái jav tú fit uíz tos

I
ái
I have
ái jav
I have two
ái jav tú
I have two feet
ái jav tú fit
I have two feet with
ái jav tú fit uíz
I have two feet with toes
ái jav tú fit uíz tos

ESPAÑOL
Tengo dos pies con dedos.

10.
INGLÉS
I have ankles.

PRONUNCIACIÓN
ái jav ánkols

/
ái
I have
ái jav
I have ankles
ái jav ánkols

ESPAÑOL
Tengo tobillos.

11.
INGLÉS
I have heels.

PRONUNCIACIÓN
ái jav jíls

/
ái
I have
ái jav
I have heels
ái jav jíls

ESPAÑOL
Tengo talones.

12.
INGLÉS
I have soles.

PRONUNCIACIÓN
ái jav sóls

/
ái
I have
ái jav
I have soles
ái jav sóls

ESPAÑOL
Tengo plantas del pie.

13.
INGLÉS
Fingers.

PRONUNCIACIÓN
fínguers

Fingers
fínguers

ESPAÑOL
Dedos de las manos.

14.
INGLÉS
Toes.

PRONUNCIACIÓN
tos

Toes
tos

ESPAÑOL
Dedos de los pies.

15.
INGLÉS
I have two arms.

PRONUNCIACIÓN
ái jav tú arms

/
ái
I have
ái jav
I have two
ái jav tú
I have two arms
ái jav tú arms

ESPAÑOL
Tengo dos brazos.

STUDENT NOTES / NOTAS DEL ESTUDIANTE

LESSON 25 - LECCIÓN 25

VOCABULARY – VOCABULARIO
Lea en español la pronunciación del inglés

	INGLÉS	PRONUNCIACIÓN	ESPAÑOL
1.	I was	ái uás	Yo era o estaba
2.	You were	iú uér	Tu eras o estaba
3.	He was	ji uás	El era o estaba
4.	She was	shi uás	Ella era o estaba
5.	It was	it uás	Era o estaba
6.	We were	uí uér	Nosotros éramos o estábamos
7.	They were	déi uér	Ellos eran o estaban
8.	I was not	ái uás nat	Yo no era estaba
9.	You were not	iú uér nat	Tú no eras o estabas
10.	He was not	ji uás nat	El no era o estaba
11.	She was not	shi uás nat	Ella no era o estaba
12.	It was not	it uás nat	No era o estaba
13.	We were not	uí uér nat	Nosotros no éramos o estábamos
14.	They were not	déi uér nat	Ellos no eran o estaban
15.	Was I?	uás ái	¿Era o estaba yo?
16.	Were you?	uér iú	¿Eras o estabas tú?
17.	Was he?	uás ji	¿Era o estaba él?
18.	Was she?	uás shi	¿Era o estaba ella?
19.	Was it?	uás it	¿Era o estaba?
20.	Were we?	uér uí	¿Eramos o estábamos?
21.	Were they?	uér déi	¿Eran o estaban ellos?

NOTES – OBSERVACIONES

Observe que el pasado negativo se forma agregándose al verbo **NOT** (números 8 al 14) y el interrogativo poniendo el verbo delante del nombre, números 15 al 21.

LESSON TWENTY FIVE - PART TWO
LECCIÓN 25 - SEGUNDA PARTE

SENTENCES – ORACIONES
Lea en español la pronunciación del inglés

1.

INGLÉS
Mary is good.

PRONUNCIACIÓN
Méri is gud

Mary
Méri
Mary is
Méri is
Mary is good
Méri is gud

ESPAÑOL
Mary es buena.

2.

INGLÉS
Mary was good.

PRONUNCIACIÓN
Méri uás gud

Mary
Méri
Mary was
Méri uás
Mary was good
Méri uás gud

ESPAÑOL
Mary era buena.

3.

INGLÉS
We are here.

PRONUNCIACIÓN
uí ar jíar

We
uí
We are
uí ar
We are here
uí ar jíar

ESPAÑOL
Nosotros estamos aquí.

4.

INGLÉS
We are there.

PRONUNCIACIÓN
uí ar déar

We
uí
We are
uí ar
We are there
uí ar déar

ESPAÑOL
Nosotros estamos allí.

5.

INGLÉS
The boy is good.

PRONUNCIACIÓN
de bói is gud

The
de
The boy
de bói
The boy is
de bói is
The boy is good
de bói is gud

ESPAÑOL
El niño es bueno.

6.

INGLÉS
The boy was good.

PRONUNCIACIÓN
de bói uás gud

The
de
The boy
de bói
The boy was
de bói uás
The boy was good
de bói uás gud

ESPAÑOL
El niño era bueno.

7.

INGLÉS
Mary is not beautiful.

PRONUNCIACIÓN
Méri is nat biútiful

Mary
Méri
Mary is
Méri is
Mary is not
Méri is nat
Mary is not beautiful
Méri is nat biútiful

ESPAÑOL
Mary no es bella.

8.

INGLÉS
Mary was not beautiful.

PRONUNCIACIÓN
Méri uás nat biútiful

Mary
Méri
Mary was
Méri uás
Mary was not
Méri uás nat
Mary was not beautiful
Méri uás nat biútiful

ESPAÑOL
Mary no era bella.

9.

INGLÉS
We are not here.

PRONUNCIACIÓN
uí ar nat jíar

We
uí
We are
uí ar
We are not
uí ar nat
We are not here
uí ar nat jíar

ESPAÑOL
Nosotros no estamos aquí.

10.

INGLÉS
We were not here.

PRONUNCIACIÓN
uí uér nat jíar

We
uí
We were
uí uér
We were not
uí uér nat
We were not here
uí uér nat jíar

ESPAÑOL
Nosotros no estábamos aquí.

11.

INGLÉS
They are not good.

PRONUNCIACIÓN
déi ar nat gud

They
déi
They are
déi ar
They are not
déi ar nat
They are not good
déi ar nat gud

ESPAÑOL
Ellos no son buenos.

12.

INGLÉS
They were not good.

PRONUNCIACIÓN
déi uér nat gud

They
déi
They were
déi uér
They were not
déi uér nat
They were not good
déi uér nat gud

ESPAÑOL
Ellos no eran buenos.

13.

INGLÉS
Is Mary beautiful?

PRONUNCIACIÓN
is Méri biútiful

Is
is
Is Mary
is Méri
Is Mary beautiful?
is Méri biútiful

ESPAÑOL
¿Es Mary bella?

14.

INGLÉS
Was Mary beautiful?

PRONUNCIACIÓN
uás Méri biútiful

Was
uás
Was Mary
uás Méri
Was Mary beautiful?
uás Méri biútiful

ESPAÑOL
¿Era Mary bella?

15.

INGLÉS
Were we here?

PRONUNCIACIÓN
uér uí jíar

Were
uér
Were we
uér uí
Were we here?
uér uí jíar

ESPAÑOL
¿Estábamos nosotras aquí?

16.

INGLÉS
Are they good?

PRONUNCIACIÓN
ar déi gud

Are
ar
Are they
ar déi
Are they good?
ar déi gud

ESPAÑOL
¿Son ellos buenos?

17.

INGLÉS
Were they good?

PRONUNCIACIÓN
uér déi gud

Were
uér
Were they
uér déi
Were they good?
uér déi gud

ESPAÑOL
¿Eran ellos buenos?

18.

INGLÉS
Where is Mary?

PRONUNCIACIÓN
uér is Méri

Where
uér
Where is
uér is
Where is Mary?
uér is Méri

ESPAÑOL
¿Dónde está Mary?

19.
INGLÉS
Where was Mary?

PRONUNCIACIÓN
uér uás Méri

Where
uér
Where was
uér uás
Where was Mary?
uér uás Méri

ESPAÑOL
¿Dónde estaba Mary?

20.
INGLÉS
Why are you here?

PRONUNCIACIÓN
uái ar iú jíar

Why
uái
Why are
uái ar
Why are you
uái ar iú
Why are you here?
uái ar iú jíar

ESPAÑOL
¿Por qué estás aquí?

21.
INGLÉS
Why where you here?

PRONUNCIACIÓN
uái uér iú jíar

Why
uái
Why where
uái uér
Why where you
uái uér iú
Why where you here?
uái uér iú jíar

ESPAÑOL
¿Por qué estabas aquí?

22.
INGLÉS
When are you working?

PRONUNCIACIÓN
uén ar iú uérking

When
uén
When are
uén ar
When are you
uén ar iú
When are you working?
uén ar iú uérking

ESPAÑOL
¿Cuándo estás trabajando?

23.
INGLÉS
When were you working?

PRONUNCIACIÓN
uén uér iú uérking

When
uén
When were
uén uér
When were you
uén uér iú
When were you working?
uén uér iú uérking

ESPAÑOL
¿Cuándo estabas trabajando?

LESSON TWENTY FIVE - PART THREE
LECCIÓN 25 - TERCERA PARTE

COMMON EXPRESSIONS
EXPRESIONES COMUNES
Lea en español la pronunciación del inglés

1.

INGLÉS
Please, get back soon.

PRONUNCIACIÓN
plís guét bak sun

Please
plís
Please, get
plís guét
Please, get back
plís guét bak
Please, get back soon
plís guét bak sun

ESPAÑOL
Por favor, vuelve pronto.

2.

INGLÉS
Get back soon with Mary.

PRONUNCIACIÓN
guét bak sun uíz Méri

Get
guét
Get back
guét bak
Get back soon
guét bak sun
Get back soon with
guét bak sun uíz
Get back soon with Mary
guét bak sun uíz Méri

ESPAÑOL
Vuelve enseguida con Mary.

3.

INGLÉS
I get along with you.

PRONUNCIACIÓN
ái guét alóng uíz iú

I
ái
I get
ái guét
I get along
ái guét alóng
I get along with
ái guét alóng uíz
I get along with you
ái guét alóng uíz iú

ESPAÑOL
Me llevo bien contigo.

4.

INGLÉS
I get along with my friends.

PRONUNCIACIÓN
ái guét alóng uíz mái fténds

I
ái
I get
ái guét
I get along
ái guét alóng
I get along with
ái guét alóng uíz
I get along with my
ái guét alóng uíz mái
I get along with my friends
ái guét alóng uíz mái fténds

ESPAÑOL
Me llevo bien con mis amigos.

5.
INGLÉS
They laid me off.
PRONUNCIACIÓN
déi léid mi of

They
déi
They laid
déi léid
They laid me
déi léid mi
They laid me off
déi léid mi of

ESPAÑOL
Ellos me despidieron.

6.
INGLÉS
Tom laid me off.
PRONUNCIACIÓN
Tám léid mi of

Tom
Tám
Tom laid
Tám léid
Tom laid me
Tám léid mi
Tom laid me off
Tám léid mi of

ESPAÑOL
Tom me despidió

7.
INGLÉS
You better think it over.
PRONUNCIACIÓN
iú béter zink it óver

You
iú
You better
iú béter
You better think
iú béter zink
You better think it
iú béter zink it
You better think it over
iú béter zink it óver

ESPAÑOL
Más vale que lo pienses.

8.
INGLÉS
Think it over.
PRONUNCIACIÓN
zink it óver

Think
zink
Think it
zink it
Think it over
zink it óver

ESPAÑOL
Piénsalo.

9.
INGLÉS
I fall in love with you.
PRONUNCIACIÓN
ái fol in lov uíz iú

I
ái
I fall
ái fol
I fall in
ái fol in
I fall in love
ái fol in lov
I fall in love with
ái fol in lov uíz
I fall in love with you
ái fol in lov uíz iú

ESPAÑOL
Me enamoro de ti.

10.
INGLÉS
You always fall in love.
PRONUNCIACIÓN
iú ólueis fol in lov

You
iú
You always
iú ólueis
You always fall
iú ólueis fol
You always fall in
iú ólueis fol in
You always fall in love
iú ólueis fol in lov

ESPAÑOL
Tu siempre te enamoras.

11.

INGLÉS
Please be on time.

PRONUNCIACIÓN
plís bi on táim

Please
plís
Please be
plís bi
Please be on
plís bi on
Please be on time
plís bi on táim

ESPAÑOL
Por favor, llega a tiempo.

12.

INGLÉS
I am on time.

PRONUNCIACIÓN
ái am on táim

I
ái
I am
ái am
I am on
ái am on
I am on time
ái am on táim

ESPAÑOL
Yo llego a tiempo.

13.

INGLÉS
As usual, you are on time.

PRONUNCIACIÓN
as iúshual iú ar on táim

As
as
As usual
as iúshual
As usual, you
as iúshual iú
As usual, you are
as iúshual iú ar
As usual, you are on
as iúshual iú ar on
As usual, you are on time
as iúshual iú ar on táim

ESPAÑOL
Como siempre, llegas a tiempo.

14.

INGLÉS
As usual you are here.

PRONUNCIACIÓN
as iúshual iú ar jíar

As
as
As usual
as iúshual
As usual you
as iúshual iú
As usual you are
as iúshual iú ar
As usual you are here
as iúshual iú ar jíar

ESPAÑOL
Como siempre estás aquí.

STUDENT NOTES
NOTAS DEL ESTUDIANTE

_____
_____
_____
_____
_____

15.

INGLÉS
The book that is here.

PRONUNCIACIÓN
de buk dat is jíar

The
de
The book
de buk
The book that
de buk dat
The book that is
de buk dat is
The book that is here
de buk dat is jíar

ESPAÑOL
El libro que está aquí.

16.

INGLÉS
The boy who studies.

PRONUNCIACIÓN
de bói ju stódis

The
de
The boy
de bói
The boy who
de bói ju
The boy who studies
de bói ju stódis

ESPAÑOL
El niño que estudia.

STUDENT NOTES / NOTAS DEL ESTUDIANTE

www.ingramcontent.com/pod-product-compliance
Lightning Source LLC
LaVergne TN
LVHW051121080426
835510LV00018B/2163